Ilona Solodka

Welches Potential steckt in Augmented Reality?

Einsatzmöglichkeiten für den Konsumentenmarkt

Bibliografische Information der Deutschen Nationalbibliothek:

Die Deutsche Nationalbibliothek verzeichnet diese Publikation in der Deutschen Nationalbibliografie; detaillierte bibliografische Daten sind im Internet über http://dnb.d-nb.de abrufbar.

Impressum:

Copyright © Studylab

Ein Imprint der Open Publishing GmbH

Druck und Bindung: Books on Demand GmbH, Norderstedt, Germany

Coverbild: Open Publishing GmbH | Freepik.com | Flaticon.com | ei8htz

Inhaltsverzeichnis

Zusammenfassung

Der Schwerpunkt dieser Arbeit liegt auf einer Potentialanalyse der aufkommenden Technologie „Augmented Reality", die mittels Darstellung virtueller Inhalte auf geeigneten elektronischen Geräten unsere Realität „erweitert". Diese Analyse wurde anhand einer Literaturrecherche durchgeführt, dabei wurden unter anderem einschlägige Bücher, Artikel und andere wissenschaftliche Publikation verwendet. Vor der eigentlichen Analyse werden theoretische sowie technische Grundlagen erklärt, die das Verständnis dieser Arbeit erleichtern. Um das Potential dieser Technologie aufzuzeigen, werden 14 aktuelle und vier künftige Beispiele aus unterschiedlichen Einsatzgebieten vorgestellt. Die Auswahl der Beispiele erfolgte ohne bestimmte Vorgaben anhand einiger vorgestellter Augmented Reality Anwendungen von diversen Unternehmen. Bei den Beispielen wird auf den jeweiligen Mehrwert für Endbenutzer und Betreiber hingewiesen, der durch den Einsatz der Augmented Reality zustande kommt. Ferner wird die Analyse mit Expertenmeinungen und statistischen Daten ergänzt. Diese Experten weisen sowohl auf Potentiale als auch auf Gefahren hin, die diese Technologie mit sich bringt.

Abkürzungsverzeichnis

2D	zwei dimensional
3D	drei dimensional
ADF	Area Description File
APP/App	Applikation
AR	Augmented Reality
AR-HUD	Augmented-Reality-Head-Up-Displays
AV	Augmented Virtuality
AWE	Augmented World Expo
BLE	Bluetooth Low Energy
bzw.	Beziehungsweise
CEO	Chief Executive Officer
CES	Consumer Electronics Show
CG	computergestützt
d.h.	das heißt
Dr.	Doktor
et al.	et alii/et aliae
etc.	et cetera
GPS	Globales Positionsbestimmungssystem
HMD	Head-Mounted-Display
HUD	Head-Up-Display
IDC	International Data Corporation
IMU	Inertial Measurement Unit
LBS	Location Based Services
LED	Light-emitting Diode
MOC	Munich Order Center
MR	Mixed Reality
NLoS	Non-Line-of-Sight

p.	page
POI	Points of Interest
POS	Point of Sale
pp.	pages
QR	Quick Response
RFID	Radio Frequency Identification
S.	Seite
ToF	Time of Flight
URL	Uniform Resource Locator
UWB	Ultra-wide Band
vgl.	vergleiche
VLC	Visible Light Communication
VR	Virtual Reality
VRD	Virtual Retinal Display
WLAN	Wireless Local Area Network
WPS	Wi-Fi Positioning System
WWDC	Worldwide Developers Conference
z.B.	zum Beispiel

Abbildungsverzeichnis

Tabellenverzeichnis

1 Einleitung

Dieses Kapitel leitet das Thema ein und gibt einen kurzen Ausblick auf den Rest der Arbeit. Anfangs wird die Motivation für die Erstellung dieser Arbeit erklärt. Anschließend wird die Zielsetzung dieser Arbeit aufgestellt sowie am Ende erwarteten Ergebnisse erläutert. Abschließend werden Vorgehensweise sowie der Aufbau der Arbeit geschildert.

1.1 Motivation

Laut Harvard Business Review „A Manager's Guide to Augmented Reality" wird mit *Augmented Reality* (*dt.:* erweiterte Realität) oder kurz *AR* die reale Welt durch diverse virtuelle Einblendungen auf dem Display des Geräts „erweitert". Diese Einblendungen können in solchen Formen wie Erklärungstexte, Fotos, Videos und andere 2D- sowie 3D-Objekte vorkommen und werden häufig als eine *virtuelle Schicht* bezeichnet. Softwareanwendungen, die AR für mobile Plattformen umsetzen, werden *AR-Applications* (*dt.:* AR-Anwendungen), kurz *AR-Apps*, genannt (Harvard Business Review, 2017).

Anfang der neunziger wurde Augmented Reality in der Industrie mehrfach erfolgreich eingesetzt (siehe Unterkapitel 2.6). Mittlerweile hat die Technologie auch den Konsumentenmarkt erreicht. Welche Möglichkeiten eröffnet der Einsatz der AR für Konsumenten? Wozu sollten Firmen und Großkonzerne sich mit der erweiterten Realität auseinandersetzen?

Nach der Aussage von Anderson und de Palma befinden wir uns im Zeitalter der Informationsflut (*engl.* age of information overload). Das heißt, wir sind täglich einer kontinuierlichen Menge diverser Daten aus zahlreichen Medien ausgesetzt. Die Vielzahl an diversen Produkten macht es Konsumenten unmöglich, den Überblick über die gesamte Produktpalette in ihrer Vielfalt zu erhalten. Das zwingt Firmen im Konsumentenbereich zu einem massiven Aufmerksamkeitskampf statt eines direkten Wettbewerbs auf dem freien Markt. Anderson und de Palma sind der Meinung, dass dieses Firmenverhalten langfristig dem Konsumentenwohlergehen schaden wird (Anderson & de Palma, 2012, pp. 1–4).

Informationsflutproblematik ist nicht nur ein Marketingproblem. Durch die rasant entwickelte Umwelt entstehen neue Technologien, die in ihrem Umgang Experten oder zumindest gut geschulten Fachleuten benötigen. In der Fachkräfteengpassanalyse von Juni 2017 dokumentieren Klaus et al., die bei Bundesagentur für Arbeit in Deutschland tätig sind, Experten- und Fachkräfteengpässe in

Deutschland. Demnach gab es Engpässe überwiegend in technischen Berufen sowie im Bereich der Gesundheit und Pflege (Klaus et al., 2017). Durch Hilfseinblendungen sowie Schritt für Schritt Anweisungen, die Augmented Reality Anwendungen anzeigen, könnte diese Problematik gemindert (vgl. Unterkapitel 4.6).

In ihrem Beitrag „Lernen mit allen Sinnen" schreibt Katja Paasche, Referentin des Max-Planck-Instituts für Kognitions- und Neurowissenschaften in Leipzig, dass es gleichzeitig mehrere Sinnesorgane aktiviert werden müssen. Damit soll der Aufmerksamkeitslevel auf hohem Niveau gehalten, eine verbesserte Informationsspeicherung erreicht und somit eine höhere Erinnerungsdynamik erzielt werden (Paasche, 2015). Dringt eine Botschaft gleichzeitig über mehrere unterschiedliche Sinneskanäle in unser Gehirn ein, führt dies, laut Hans-Georg Häusel, zu einem neuronalen Verstärker-Mechanismus. Dieses Phänomen wird in Neuromarketing *Multisensory Enhancement* (*dt.:* multisensorische Verstärkung) genannt (Häusel, 2016, p. 218). In ihrem Buch schreiben Dirk Schart und Nathaly Tschanz, dass Augmented Reality einen größeren Erlebnis- sowie Unterhaltungsmehrwert gegenüber rein textuellen Informationen schafft, da diese Technologie gleichzeitig mehrere Sinnesmodalitäten wie Seh-, Hör- und Tastsinn anspricht (Schart & Tschanz, 2017, p. 74).

Ein Beispiel für die Umsetzung der AR-Technologie wird vom globalen Unternehmen *Google* mit Augmented-Reality-Brille *Google Glass* vorgestellt. Auf der Abbildung 1 wird eine augmentierte Welt mit Google Glass dargestellt. Laut Muensterer et al. können dem Nutzer mit einem *Head-Mounted-Display* (HMD), also einem auf dem Kopf angebrachten Bildschirm in Form einer AR-Brille, verschiedene Informationen im Blickfeld eingeblendet werden. Die Einblendungen der Textnachrichten, Videokonferenzen, Navigation per Google Maps, Kamera, Wetterbericht und andere visuelle Benachrichtigungen können dem User den Alltag erleichtern. Die Brille kann, laut den Autoren, per Sprachsteuerung bedient werden, aber auch mit Augenzwinkern ist die Navigation möglich (Muensterer et al., 2014).

Abbildung 1: Augmented Reality mit Google Glass (Jain, 2017)

Um die Aktualität der Augmented Reality zu verdeutlichen, werden Marktforschungsergebnisse und Analysen der Kapitalgesellschaft *Gartner Inc.* bezüglich der Entwicklungen in der IT-Branche herangezogen. Laut Linden und Fenn visualisiert die Firma die Resultate der Marktforschungsuntersuchungen durch sogenannte *Hype-Zyklen*. Die Zyklen zeigen die Zeitabschnitte der öffentlichen Aufmerksamkeit bzw. Erwartung, die eine neue Technologie bei deren Entwicklungsstart durchläuft. Der Hype-Zyklus wird in fünf Phasen unterteilt:

1. Technology Trigger (dt. Technologischer Auslöser);
2. Peak of Inflated Expectations (dt. Gipfel der überzogenen Erwartungen);
3. Trough of Disillusionment (dt. Tal der Enttäuschungen);
4. Slope of Enlightenment (dt. Pfad der Erleuchtung);
5. Plateau of Productivity (dt. Plateau der Produktivität) (Linden & Fenn, 2003).

Im Sommer 2017 positionierte Gartner Inc. die Augmented Reality in die Phase „Tal der Enttäuschung" (siehe Abbildung 2). Laut Piotr A. Werner wird die erweiterte Realität als eine IT-Technologie angesehen, die den Höhepunkt der überhöhten Erwartungen überschritt und sich der Reife angenähert hat. Softwaredesigner, Programmierer und Anwender wurden somit von Illusionen dieser Technologie befreit (Werner, 2017).

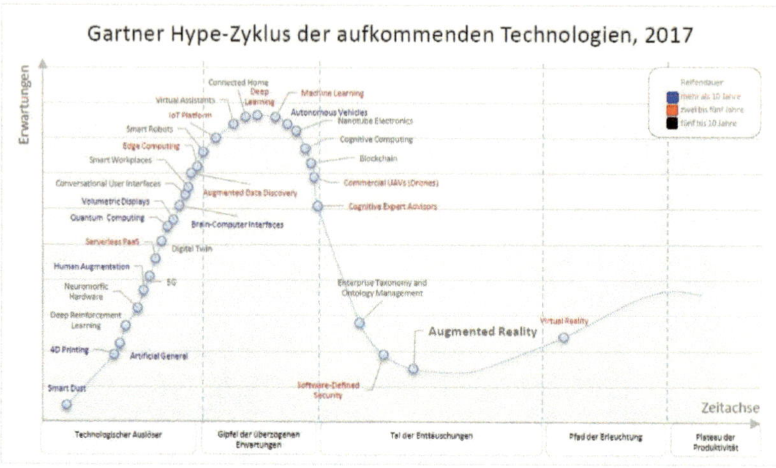

Abbildung 2: Hype-Zyklus für die neuen Technologien (Panetta, 2017)

Laut Gartner Hype-Zyklus von 2017 wird Augmented Reality in den nächsten Stadien der Aufklärung und Produktivität eintreten. Dem Hype-Zyklus zufolge wird die Technologie fünf bis zehn Jahre brauchen, um das Plateau der Produktivität erreichen zu können (Panetta, 2017). Auf der Webseite von Gartner zitiert Amy Ann Forni den Vizepräsidenten von Gartner Inc., David W. Cearley. Er ist der Meinung, dass AR sich mit digitalen Netzwerken verschmilzt, sodass zwischenmenschliche Kommunikation sowie Interaktionen mit Softwaresystemen für immer umgewandelt werden. Der Vizepräsident vermutet, dass diese Veränderungen im Jahr 2021 eintreten (Forni, 2016).

Im Jahr 2015 auf der International Consumer Electronics Show (CES) in Las Vegas, die zu einer der weltweit größten Fachmessen für Unterhaltungselektronik zählt, wurde Augmented Reality von Paul Nunes und Larry Downes als eine der wichtigsten disruptiven Technologien erkannt. Beide Referenten sind renommierte Redakteure des Forbes-Magazins, IT-Analysten und Buchautoren. Laut Nunes und Downes verfügt eine solche Technologie über ein starkes Entwicklungspotential. Diese kann trotz eines schweren Entwicklungsstart einen technologischen Veränderungsprozess in Gang setzen, bestehende Produkt bzw. Dienstleistungen überholen, Marktführer verdrängen und Branchenregeln neu definieren (Nunes & Downes, 2015).

Das Interesse und Neugier der Öffentlichkeit für die aufkommenden Technologiewelten steigt. Laut der eigenen Webseite öffnete im Sommer 2017 die *Aug-*

mented World Expo (*AWE*) Messe wieder ihre Toren für internationale Besucher und Teilnehmer aus Produktion und Logistik. Die Veranstaltungsorte der AWE als größte Fachkonferenz für Augmented sowie Virtual Reality sind in diesem Jahr München, Beijing (China) sowie Santa Clara (USA) gewesen. Allein das *Munich Order Center* (*MOC*) Messegelände in München umfasste der Gastgeber AWE fast 1500 Teilnehmer und 115 Redner. Laut der Hompage zeigten über 100 Aussteller im MOC München, wie sie erweiterte und virtuelle Technologien nutzen, darunter auch Audi, Microsoft, Meta, Sony, Samsung, Intel und das Fraunhofer-Institut (A-WE, 2017). Großunternehmen und Konzerne wie Google, Samsung, Microsoft, Apple, Facebook, etc. haben das Potential von AR bereits entschlüsselt und das Wettrennen angekündigt. Konkrete Beispiele für den Einsatz der erweiterten Realität in diversen Branchen sind in Kapitel 4 präsentiert.

Um das Potential der erweiterten Realität systematisch zu analysieren, befasst sich diese Arbeit mit diversen Einsatzmöglichkeiten im Bildungswesen, in der Medizin, in der Industrie und im Konsumentenbereich. Dabei werden stets das jeweilige Potential und der Mehrwert analysiert, um sich einen Überblick über die Einsatzmöglichkeiten sowie Perspektiven der Augmented Reality zu verschaffen. Die Aufführung der Anwendungsmöglichkeiten und der Praxisbeispiele in diesem Umfeld sorgen somit für ein besseres Praxisverständnis von diesem Thema, denn vieles ist noch unbekannt und lässt viel Spielraum für kreative Innovationen und Ideenentwicklungen.

1.2 Zielsetzung sowie erwarteten Ergebnisse

Das Hauptziel dieser Arbeit ist eine Potentialanalyse der Augmented Reality durchzuführen, um einige der wichtigsten und meist diskutierten Einsatzmöglichkeiten dieser Technologie aufzuzeigen sowie den dabei erzeugten Mehrwert zu verdeutlichen. Das Resultat dieser Arbeit ist die Erstellung eines Überblicks über diese aufblühende Technologie anhand von mehreren Beispielen. Die Ergebnisse der Potentialanalyse werden anschließend durch Expertenmeinungen, Wissenschaftlerprognosen und Vorträgen von einigen globalen Führungskräften untermauert. Dazu werden mehrere erfolgreiche Einsatzbeispiele und Projekte der Augmented Reality vorgestellt und analysiert.

Vor der eigentlichen Potentialuntersuchung der erweiterten Realität soll ein Überblick über die gängigen Begriffe sowie theoretische Grundlagen auf diesem Gebiet verschafft werden. Des Weiteren sollen Technologien vorgestellt werden, die die Augmented Reality ermöglichen. Diesbezüglich sollen nicht nur theoretische, sondern auch technische Grundlagen unter die Lupe genommen werden. Damit wird eine klarere Nachvollziehbarkeit des untersuchten Sachverhalts erreicht.

1.3 Vorgehensweise

Im Vorfeld der eigentlichen Potentialanalyse wird eine Literaturrecherche durchgeführt. Dabei werden im Kontext der Augmented Reality relevante Bücher, Berichte, Statistiken und andere Veröffentlichungen ab dem Jahr 2016 herausgesucht. Für die Recherche werden Literaturdatenbanken und Volltextdatenbanken unter der Eingabe der Schlüsselwörter wie „Augmented Reality", „Smart Glasses", „Potential von Augmented Reality", „Erweiterte Reality", „Future of Augmented Reality", „Augmented Reality in Industry", „Augmented Reality in Industrie", „Augmented Reality in Medizin", „New Achievements in Augmented Reality" und Ähnliches durchgesucht. Die dabei gefundenen Werke werden auf die Relevanz überprüft, entsprechend ausgewählt und einsortiert. Die einzelnen bedeutsamen Referenzen und Fachbegriffe werden als Grundlage für weitere Recherchen verwendet.

Anfangs befasst sich diese Arbeit mit der Motivation für das Themengebiet „Augmented Reality". Dazu wird die Bedeutung des Themengebiets anhand aktueller Statistiken, Fakten sowie Expertenmeinungen untermauert. Ferner werden einige der relevanten Messen und Firmen aufgelistet, die sich mit dem Thema auseinandersetzen. Um die Aktualität des Themas aufzuzeigen werden zeitgenössische akademische Journals, Berichte sowie relevante Internetquellen untersucht und in die Arbeit einbezogen. Zur Aneignung der theoretischen Grundlagen, die für das Verständnis dieser Arbeit notwendig sind, werden Literaturdatenbanken und Volltextdatenbanken für die Recherche verwendet. Die Suchbegriffe umfassen dabei die Terminologie aus dem Kapitel 2. Die einzelnen Fachwörter werden aus einer im Vorfeld durchgeführten Literaturrecherche gewonnen.

Für die Erhebung der technischen Grundlagen werden die Literaturrecherchen der wissenschaftlichen Arbeiten, Monographien sowie Herausgeberwerke vorgenommen. Bei der Aufführung der Anwendungsmöglichkeiten und Praxisbeispiele zu dem Thema werden offizielle Homepages einiger Firmen, Interviews und Vorträge von Vorgesetzten und Fachkräften sowie Peer-Review-Zeitschriften präsentiert.

Abschließend folgen Expertenmeinungen, Wissenschaftlerprognosen und Vorträge der globalen Führungskräfte, die aus Literaturdatenbanken und Webseiten gewonnen werden. Zum Abschluss werden die Ergebnisse dieser Arbeit zusammengefasst und die Erfüllung der Anforderungen reflektiert. Zusätzlich wird ein Ausblick über die mögliche Weiterentwicklung der Augmented Reality anhand Expertenmeinungen und aktuellen Statistiken gewährt.

1.4 Aufbau der Arbeit

Die Arbeit ist in sechs Abschnitte unterteilt: Einleitung, theoretische Grundlagen der Augmented Reality, technische Grundlagen der Augmented Reality, Anwendungsmöglichkeiten und Praxisbeispiele, Zukunftsausblick und Expertenmeinungen, Zusammenfassung. Zunächst wird die Relevanz der Augmented Reality für unsere Gesellschaft verdeutlich. In Unterkapitel 1.1 wird die Motivation für die Erstellung einer Potentialanalyse auf dem Themengebiet begründet. Ferner werden die Ziele, das Vorgehen sowie der Aufbau der Arbeit in Kapitel 1 vorgestellt.

Kapitel 2 befasst sich mit den theoretischen Grundlagen der Augmented Reality, indem die für das Verstehen dieser Arbeit notwendigen Grundbegriffe erklärt werden. Ferner wird die Entstehungsgeschichte der AR erläutert. Anschließend werden in Kapitel 3 technische Grundlagen auf diesem Themengebiet erklärt, die die Realisierung der erweiterten Realität ermöglichen. Der Schwerpunkt dieser Arbeit bildet das Kapitel 4 mit der Vorstellung konkreter Praxisbeispiele. Dabei wird der jeweilige Nutzen verdeutlicht.

Das Potential sowie die Risiken der Augmented Reality werden in Kapitel 5 aufgeführt. Die Bedeutung sowie das Potential der erweiterten Realität werden durch Zahlen und Fakten untermauert. Ferner wird ein Ausblick auf künftige Projekte gewährt. Abgeschlossen wird die Arbeit mit einer Zusammenfassung in Kapitel 6.

2 Theoretische Grundlagen der Augmented Reality

Zur Einordnung, Abgrenzung sowie einem besseren Verständnis dieser Arbeit werden vier häufig in der Literatur vorkommenden Technologien mit unterschiedlichen Virtualitätsanteilen in diesem Kapitel definiert sowie auf ihre Gemeinsamkeiten und Unterschiede eingegangen. Für eine bessere Einordnung der einzelnen Technologien werden diese auf einer Virtualität-Realität Skala im Unterkapitel 2.5 dargestellt. Abschließend werden im Abschnitt 2.6 wesentliche Meilensteil in der Entstehung der erweiterten Realität vorgestellt.

2.1 Augmented Reality

Laut dem Online-Wörterbuch PONS leistet sich der Begriff Augmented Reality (*dt.* erweiterte Realität), abgekürzt AR, vom lateinischen *augeo* ab, und bedeutet unter anderem steigern oder vergrößern. Augmented Reality kann als gesteigerte Realität übersetzt werden (PONS, 2017).

In der Literatur wird oftmals auf die Definition von Ronald Azuma hingewiesen. Nach Azuma Ansichten wird AR dazu verwendet, die reale Welt mit virtuellen Informationen zu erweitern, indem die Sinne und Fähigkeiten der Menschen verbessert werden. AR mischt somit virtuelle Objekte mit der tatsächlichen Welt. Laut Azuma, einem der bedeutendsten Pioniere auf diesem Gebiet, weist AR folgende Eigenschaften auf (Azuma, 1997):

1. Kombination von virtueller und realer Umwelt
2. Interaktion in Echtzeit
3. Dreidimensionalität von virtualen sowie realen Objekten

Die Definition von Azuma fokussiert sich hauptsächlich auf technische Komponenten und vernachlässigt viele Anwendungsaspekte. Laut Mehler-Bicher et al. kann AR aus zwei Sichten betrachtet werden. So besteht die erweiterte Realität *im engeren Sinne* aus virtuellen Objekten, die eine reelle Umgebung überlagern. *Im weiteren Sinne* können ebenfalls 2D-Elemente ohne Überlagerung der reellen Welt betrachtet werden (Mehler-Bicher & Steiger, 2014, pp. 9–12). Zum Beispiel wird der Begriff Augmented Reality ebenfalls verwendet, um das menschliche Sehvermögen durch technische Ausrüstung wie Ferngläser oder Nachsichtgeräte zu erweitern.

Eine moderne Sichtweise auf die innovative Technologie präsentieren Dirk Schart und Nathaly Tschanz. Die Buchautoren, die leitenden Positionen in Firmen mit dem Schwerpunkt Augmented Reality bekleiden, lösen sich von den herkömmlichen Definitionen, die oftmals beschreiben, dass Augmented Reality reell existierende Welt mit zusätzlichen digitalen Objekten ergänzt. Sie betonen, dass nicht die „wirkliche Realität" angereichert wird, sondern die Reproduktion der Umgebung des Users, die dank Medien-Technologie erschaffen wurde. Demnach wird die Anreicherung dadurch ermöglicht, dass virtuelle Elemente in ein von der Kamera aufgenommene Echtzeitübertragung integriert werden, als ob diese fiktiven Objekten reelle Objekte der wirklichen Umwelt wären (Schart & Tschanz, 2017, p. 25).

Bei AR-Anwendungen wird zwischen AR-Browser und AR-App differenziert. Nachfolgende werden die Unterschieden zwischen den beiden Begriffen erklärt.

2.1.1 AR-Browser

Das englische Wort „to browse" bedeutet so viel wie stöbern, durchsuchen, durchblättern (dict.cc, 2017). Laut der weltweit führenden Online-Quelle für englische Definitionen *Dictionary*, ist ein Browser oder ein Web-Browser eine digitale Technologie und ein Programm, das dem Benutzer Zugriff und die Darstellung von Seiten des World Wide Webs ermöglicht (Dictionary, 2017). Dabei integrieren Browser, laut Christian Maaß und Gotthard Pietsch, ständig neue Technologien, die zusätzliche Funktionalität wie automatisches Nachladen von neuen Inhalten ermöglichen (Maaß & Pietsch, 2007, pp. 3–5). Willi Schroll und Andreas Neef betonen, dass diese Technologien die Internetnutzung erleichtern und die Benutzererfahrung auf ein völlig neues Niveau heben. Die aktuelle Vision von Web 2.0, ein Schlagwort für die Modernisierung des World Wide Webs mit neuen Web-Technologien und Möglichkeiten, strebt das Ziel „Inhalte, Orte, Menschen, Meinungen, Ereignisse zu vernetzen und so einen ganz neuen Raum von Produktivität, Interaktion und Miteinander aufzuspannen" (Schroll & Neef, 2006, p. 2). Laut Koch und Frees steigt die Bedeutung des mobilen Internets kontinuierlich. Das heißt die wesentlichen Veränderungen im Web-Bereich müssen in erste Linie mobile Browser betreffen. In diesem Kontext spielt AR-Browser eine wichtige Rolle (Koch & Frees, 2016).

In ihrem Beitrag schreibt die Firma *Augmented Minds Ambrus & Lonau GbR*, das sich auf dem Gebieten AR, MR und VR Anwendungen spezialisiert, dass ein AR-Browser eine Applikation für mobile Geräte ist, die zusätzliche Inhalte im Kamerabild des Users präsentiert (Augmented Minds Ambrus & Lonau GbR, 2017). Laut Schart und Tschanz sind Wikitude, Layar, Aurasma und Blippar die maßgebendsten und allbekanntesten Anwendungen in diesem Umfeld. Der Großteil der AR-Browser funktioniert auf der Grundlage eines Verlinkungsverfahren, das auf den Kontext der Inhalt-Lieferanten verweist. Die Voraussetzung für den Zugang und Aufnahme der benötigten Informationen eines konkreten Herstellers ist der Download der Browser. In der Funktionsweise zwischen AR-Browser und Webbrowser liegt ein entscheidender Unterschied, nämlich der Browser für erweiterte Realität weist keine einheitlichen Standards bezüglich der Verarbeitung der AR-Inhalten. Das heißt, dass die Inhalte für jeden AR-Browser angepasst und konfiguriert werden sollen (Schart & Tschanz, 2017, p. 63).

Abbildung 3: Eine Stadtdarstellung durch das Wikitude Browser (Androidcentral, 2011)

Ein Beispiel für die Darstellung in einem AR-Browser wird auf der Abbildung 3 präsentiert. Auf der Abbildung werden typischen Einblendungen durch die Handysoftware dargestellt. Der mobiler Device, in diesem Fall Smartphone, erkennt Landschaften, Städte und Sehenswürdigkeiten und liefert augmentierte Inhalte auf das Display. Laut Andreas Hauser gilt *Wikitude* als ein weltweit zweckdienlicher Reiseführer. Im Vergleich zur Kartenansicht, bietet die Augmented Reality Technologie „erweiterte" Darstellung auf die Realität. Wichtige Voraussetzungen für den weltweiten Reiseführer sind vor allem Internetverbindung, Kompass, Beschleunigungssensor und eine integrierte Kamera auf dem Gerät. Diese Hardware wird für Stadtortbestimmung verwendet. Dafür ist Wikitude auf einer Vielzahl an Geräten verfügbar (Hauser, 2010).

2.1.2 AR-App

Laut Online-Lexikon ITWissen sind *mobile Apps*, oder einfach *Apps*, Applikationen für Betriebssysteme, die auch auf mobilen Geräten wie Smartphones, Multimedia-Handys oder Tablets installiert sind (siehe Kapitel 3.1.1). Das sind diverse Zusatzprogramme für alle Lebensbereiche, die sowohl von erfahrenen Softwareentwickler als auch von Debütanten entwickelt und über mobile Marktplätze vertrieben werden (ITWissen, 2017a).

AR-Applikationen bieten dem User zusätzliche Informationen zu Produkten oder seiner Umgebung. Laut der Firma Augmented Minds Ambrus & Lonau GbR werden AR-Apps unter anderem in solchen Bereichen wie Edutainment (dt. unterhaltsames Lernen), Marketing, Industrie, Navigation und Unterhaltung eingesetzt (Augmented Minds Ambrus & Lonau GbR, 2017). Bei AR-App werden im Gegensatz zur AR-Browser diverse Inhalte, wie 3D-Grafiken, Bilder und Texte in der Anwendung realisiert. In ihrem Buch schreiben Schart und Tschanz, dass der User davon profitiert, dass er bei der Nutzung der AR-App keine Internetverbindung benötigt. Auf der anderen Seite kann so eine Anwendung viel Speicherplatz, Rechenleistung und Akkumulator-Laufzeit des entsprechenden mobilen Geräts verbrauchen (Schart & Tschanz, 2017, p. 63).

2.2 Augmented Virtuality

ITWissen ordnet die *Augmented Virtuality* (*dt.* erweiterte Virtualität), abgekürzt durch *AV*, wie auch die Augmented Reality zu der *Mixed Reality* (*dt.* Gemischte Realität). Es ist eine Kombination der virtuellen Welt, die mit Inhalten der realen Welt erweitert wird. Im Gegensatz zur AR besteht die AV größtenteils aus virtuellen Umwelten, in die reale physikalische Elemente oder Menschen projiziert werden und die in Echtzeit mit der virtuellen Welt interagieren können. Die Symbiose der Virtualität mit Realität in Echtzeit kann mit diversen Methoden erarbeitet werden, zum Beispiel durch Einblendung von Videokonferenzteilnehmern in die virtuelle Welt wie bei der Telepräsenz oder die Einblendung realer Spieler in Computerspiele (ITWissen, 2017b).

Eines der Beispiele für diese Technologie führt die Firma Sony auf der Abbildung 4 vor. Diese Applikation beruht auf der Verwendung einer Web-Kamera, die den vor dem Bildschirm stehenden Spieler aufnimmt, in den virtuellen Spielverlauf integriert und seine Bewegungen mit imaginären Objekten der Virtualität ab-gleicht. Es wird eine Interaktion zwischen realer und virtueller Umwelt ermöglicht und repräsentiert (Turk & Hua, 2013, p. 78).

Abbildung 4: Spielausschnitt der Sony EyeToy (Sony Computer Entertainment Europe, 2017)

2.3 Virtual Reality

Virtual Reality, abgekürzt durch *VR*, ermöglicht einer Person die Interaktion mit einer künstlichen 3D-Umgebung. Laut Encyclopedia Britannica tauchen VR-Technologien einen Benutzer in eine computergenerierte Umgebung ein, die die Realität simuliert. Dabei werden interaktive Geräte verwendet, die Informationen senden und empfangen können, zum Beispiel VR-Brille, Headsets, Handschuhe oder anderen Gadgets. In einer typischen VR-Umwelt kann ein Benutzer animierte Bilder einer simulierten Umgebung betrachten. Die Illusion von "da sein" (Telepräsenz) wird durch Bewegungssensoren bewirkt, die die Bewegungen des Benutzers aufnehmen und die Ansicht auf dem Bildschirm entsprechend anpassen. Dies erfolgt in Echtzeit in dem Moment, in dem die Bewegung des Benutzers stattfindet. Laut Henry E. Lowood, einem Autor bei Encyclopedia Britannica, kann ein Benutzer eine Reihe an simulierten Räumen besichtigen, wechselnde Blickpunkte und Perspektiven erfahren, die realitätsnah mit seinen eigenen Kopfdrehungen und Schritten in Beziehung stehen. Das Tragen von Datenhandschuhen, die das

Gefühl der Berührung vermitteln, kann sogar Objekte, die der Benutzer in der virtuellen Umgebung sieht, erfassen und manipulieren (Lowood, 2017). In ihrem Buch beschreiben Schart und Tschanz ein VR-Erlebnis als Ablösen von der realen Umwelt, das heißt es wird also eine Welt modelliert, die real vorkommt, aber nicht real ist. Zu der innovativsten und den meist verbreitetsten Headsets mit VR Technologie zählen Autoren solche wie Oculus Rift, Playstation VR, Gear VR und Google Cardboard (Schart & Tschanz, 2017, p. 20).

Ein Beispiel für die Umsetzung der Virtual Reality wird von *Oculus VR, LLC.* mit ihrer Entwicklung *Oculus Rift* präsentiert. Mit Anlegen des Oculus Rift Headsets sowie Touch Controllers beginnt die Reise für einen Anwender in eine völlig imaginäre Welt und verführt den User komplett aus der Realität. Auf der rechten Seite der Abbildung 5 wird die Erfindung selbst dargestellt, auf der linken Seite wird die virtuelle Welt um den realen Spieler präsentiert (Oculus VR LLC., 2018).

Abbildung 5: Entwicklung von Oculus VR, LLC. (links: Oculus Rift Headset und Touch Controllers; rechts: Oculus Rift in der Anwendung) (Oculus VR LLC., 2018; Ranger, 2017)

2.4 Mixed Reality

Tschanz und Schart definieren den Begriff *Mixed Reality*, abgekürzt durch *MR*, als ein Sammelbegriff für jegliche Form der Vermischung von imaginären und reellen Welten wie beispielsweise die Augmented Reality. Die gemischte Realität wird auch als Merged Reality oder Hybrid Reality benannt. Die gemischte Realität bezeichnet außerdem den Übergang von realer zu virtueller Umgebung. Auf dieser Ebene werden erweiterten Objekte nicht nur in das Blickfeld des Betrachters eingeblendet, wie das bei reiner AR eben der Fall ist, sie werden in die Realität integriert und wirken als ein Teil davon. Laut Autoren erkennt diese Technologie nicht nur einzelne Objekte, wie bei Augmented Reality, sondern die Umgebung des

Users. Dieses Phänomen wird durch verschieden Kameras der Mixed-Reality-Brille ermöglicht (Schart & Tschanz, 2017, pp. 21–25).

Die Abbildung 6 verdeutlicht das Verständnis dieser Technologie. Auf der Abbildung werden nicht nur reelle Objekte dargestellt, mit Hilfe von HoloLens werden zusätzlich auch virtuelle Objekte (beispielsweise Berge und Häuser) in den Raum eingeblendet und durch Animation, Sound und Grafik zum Leben erweckt. Virtuelle Objekte werden von Microsoft *Hologramme* genannt. Mit dem neuen Device des internationalen Software- und Hardwareherstellers wird ein Gefühl für die Distanz zu den virtuellen Objekten vermittelt, die ein Benutzer komplett umlaufen und mit denen er interagieren kann (Microsoft, 2017).

Abbildung 6: Mixed Reality mit Microsoft HoloLens (Microsoft, 2017)

2.5 Einordnung der Augmented Reality auf einer Virtualität-Realität Skala

Um ein klares Verständnis und eine Eingrenzung der zahlreichen Virtualität-Realität Technologien zu schaffen, ist es sinnvoll diese auf einer entsprechenden Skala einzuordnen. In der Literatur bezüglich AR, MR, AV und VR Technologien wird es oft bei ihrer Eingrenzung und Einordung auf das Kontinuum von Milgram et al. verwiesen, die als *Realitäts-Virtualitäts-Kontinuum* bekannt ist. Das *Realitäts-Virtualitäts-Kontinuum* wird auf der Abbildung 7 dargestellt (Milgram et al., 1994).

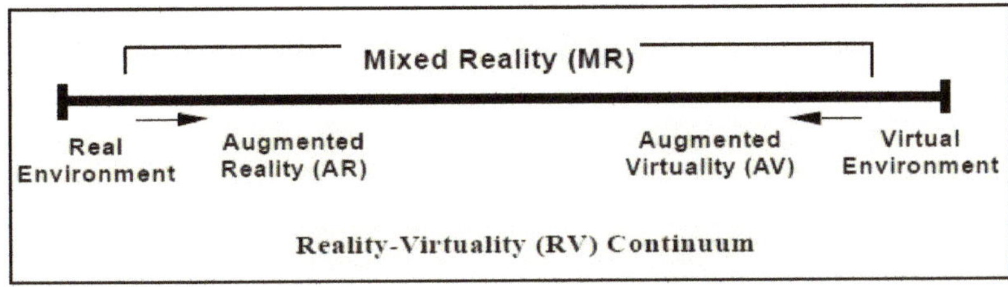

Abbildung 7: Repräsentation der Realitäts-Virtualitäts-Kontinuum (Milgram et al., 1994, p. 283)

Das Kontinuum von Milgram et al. klassifiziert diverse Virtualität-Realität Technologien nach dem Verhältnis den dargestellten virtuellen und realen Anteilen. Das Extremum auf der linken Seite des Kontinuums – Real Environment definiert jede Umgebung, die ausschließlich aus realen Objekten besteht. Das Extremum auf der rechten Seite definiert Umgebungen, die ausschließlich aus virtuellen Objekten bestehen. Ein Beispiel hierfür sind konventionelle Computergrafik-Simulationen, die für einen Nutzer möglichst *immersiv* dargestellt sind. Innerhalb dieses Rahmens ist es einfach, eine generische Mixed Reality-Umgebung als eine zu definieren, in die Objekte der realen Welt und der virtuellen Welt zusammen in einem Bild dargestellt werden, das heißt irgendwo zwischen den Extrema des RV-Kontinuums. Augmented Reality und Augmented Virtuality sind somit auch als Mixed Reality zu verstehen. Sie sind miteinander verkoppelt und ergeben eine Realität-Virtualität-Symbiose (Milgram et al., 1994).

In seinem Buch „Virtual Art: From Illusion to Immersion" schreibt Oliver Grau, dass *immersiv* in diesem Sachverhalt einen Wirkungsgrad bedeutet, inwiefern sich die virtuelle oder fiktive Welt auf den Betrachter auswirkt. Bei dem hohen Grad an Immersion (dt. Eintauchen) ist das Bewusstsein des Users den illusorischen *Stimuli*, also dem <u>Reiz</u> zur Aktivierung des Verhaltens, so strakt ausgesetzt, dass die virtuelle Umgebung als real empfunden wird. Ist der Grad an Immersion extrem hoch, wird auch von Präsenz gesprochen (Grau, 2003, pp. 13–15).

Augmented Reality

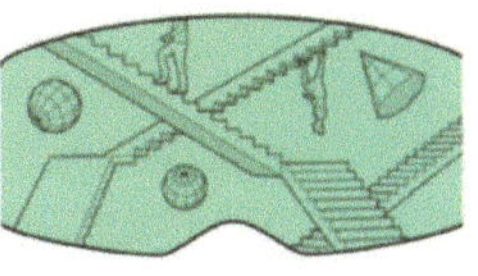

Virtual Reality

Mixed Reality

Abbildung 8: Divergenz der Realitäten (Liza Brown, 2017)

In seinem Beitrag beschreibt Liza Brown, Unterschiede zwischen AR, VR und MR, die er ebenfalls beispielhaft auf einer Graphik darstellt. Die Abbildung 8 präsentiert die Divergenz zwischen unterschiedlichen Realitäten und markiert virtuelle bzw. fiktive Objekte, um sie von der Wirklichkeit zu trennen. Dabei werden die fiktiven Elemente grün und die reelle Welt in Graustufen dargestellt. Die VR in der Mitte besteht komplett aus imaginären Objekten, während die AR auf der linken Seite lediglich virtuelle Einblendungen auf dem Endgerät anzeigt. Die MR auf der rechten Seite werden die fiktiven Objekte in der Realität immersiv dargestellt (Liza Brown, 2017).

2.6 Entstehungsgeschichte

Im folgenden Abschnitt wird auf die Entwicklungsgeschichte der Augmented Reality eingegangen, indem 13 wichtigen Geschichtsereignisse übersichtsartig vorgestellt werden. Als Ausgangpunkt für die Recherche und Erstellung dieses Unterkapitels wurde das aktuelle Buch von Schart und Tschanz „Augmented und Mixed Reality" herangezogen. Die ausgewählten Geschichtsmeilensteine der AR wurden auch in anderen Literaturwerken häufig aufgeführt. Systeme mit Mechanismen im Sinne von erweiterten Realität gehen bis in die 1950er und 1960er Jahre zurück (Schart & Tschanz, 2017, pp. 28–34).

Mit seiner Entwicklung und Patentierung von „Kino der Zukunft" – *Sensorama* zwischen 1957 und 1962 wollte Morton Heilig die Zuschauer in den Bildschirm hineinziehen (Heilig, 1992). Die Abbildung 9 stellt das Ergebnis dieser Entwicklung dar.

Abbildung 9: Sensorama – „Kino der Zukunft" (Turi, 2014)

Das „Kino der Zukunft" verwendete visuelle Effekte, Ton, Geruch, Luftbewegung sowie Vibrationen, um verschiedene menschliche Sinne zu aktivieren und somit ein unvergleichbares Kinoerlebnis zu schaffen. Der diplomierte Filmregisseur, Kameramann und Erfinder beschrieb seine Maschine auch als „Experiance Theater" (Heilig, 1992).

Später im Jahr 1965 erfand Ivan Sutherland das Head-Mounted-Display, das von zahlreichen Wissenschaftlern und Forschern als Entstehung der Augmented Reality gesehen wird. Seine Entwicklung nannte der Pionier der Computergrafik – Sutherland als das *Sword of Damocles*. Die Nutzer des Apparats können ein immersives Erlebnis einer computerentwickelten virtuellen 3D-Umgebung genießen. Dem Anwender wurden geometrische Formen ins Blickfeld projiziert, die sich gleichzeitig mit den Schwingungen des Kopfes mitbewegten. Das stereoskopische Bild wurde über Elektronenröhren erzeugt, die durch überzogene Spiegel direkt vor den Augen des Trägers projiziert wurde. Der Apparat war allerdings so schwer, dass er an der Decke befestigt werden musste (Sutherland, 1968). Die Abbildung 10 präsentiert den HMD „Sword of Damocles".

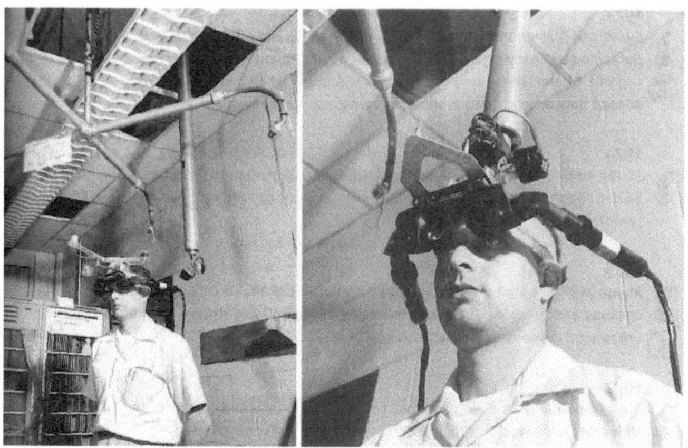

Abbildung 10: HMD „The Sword of Damocles" mit der Befestigung (Sutherland, 1968, p. 298)

Erstmalig entfaltet sich die Bezeichnung Augmented Reality im Jahr 1992 von Thomas Caudell und David Mizell. Die beiden Erfinder entwickelten den ersten industriellen HMD mit AR für Boeing, um den technischen Mitarbeitern bei der Kabelverlegung die notwendigen Informationen in die reelle Welt einzublenden (Caudell & Mizell, 1992).

Im gleichen Jahr baute Rosenberg eines der ersten funktionierenden Augmented-Reality-System *Virtual Fixtures* für die U.S. Air Force Armstrong Labs, um die Benutzer für die Roboterfernsteuerung zu trainieren. In Jahr 1992 konnte die Computergrafik noch nicht das gleiche immersive Erlebnis liefern wie heute. So wurden schlichte Einblendungen, die auf der Abbildung 11 zu sehen sind, auf einen reellen Hintergrund projiziert (Rosenberg, 1992).

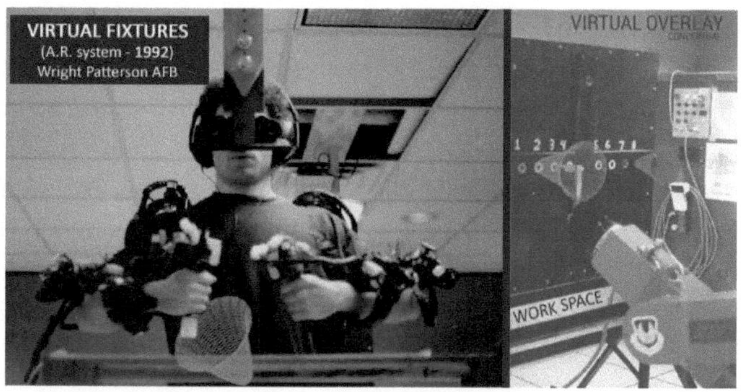

Abbildung 11: Virtual Fixtures (Wikipedia Commons, 2017)

Im Jahr 1993 schufen drei Wissenschaftler der Columbia Universität das *Knowledge-based Augmented Reality for Maintenance Assistance* (kurz *KARMA*). Das System mit integriertem halbtransparenten HMD soll in der Industrie bei Instandhaltung von Geräten mithelfen. KARMA ersetzt somit zahlreiche Handbücher und technisches Know-How. Der Bildschirm projiziert die Bedienungsanweisungen und Handgriffe direkt auf das defekte Gerät (Feiner et al., 1993). Auf der Abbildung 12 wird KARMA in der Benutzung dargestellt.

Abbildung 12: Knowledge-based Augmented Reality for Maintenance Assistance (Pinterest, 2017)

1994 erforschten Milgram und seine Mitarbeiter das Realitäts-Virtualitäts-Kontinuum (siehe Unterkapitel 2.5). Ihre wissenschaftliche Arbeit zum Thema Augmented Reality gilt auch heute noch als Meilenstein auf dem Gebiet (Milgram et al., 1994).

Im Jahr 1997 fasste Ronald Azuma seine erste Untersuchung auf dem AR-Forschungsgebiet zusammen und definierte die heute meist verbreitete Bedeutung für Augmented Reality (siehe Unterkapitel 2.1).

Zwei Jahre später wurde *ARToolKit* von Hirokazu Kato entwickelt, einem Open Source Projekt mit einer viel genutzten Tracking-Bibliothek, um AR-Programme zu kreieren. Dieses Werkzeug hat erstmal ermöglicht mit virtuellen Elementen in einem Livestream die reale Umwelt zu kontaktieren und zu interagieren. Diese Erfindung wurde in den folgenden Jahren weiterentwickelt und perfektioniert (Lamb, 2017).

Nach der mehreren Jahren Forschung und Einsatz der AR-Technologie in der Industrie, begann die Weiterentwicklung der Technologie in Kommunikation- und Unterhaltungssektoren, fokussiert auf Mobilgeräte (Schart & Tschanz, 2017, p. 30).

Im Jahr 2008 wurde Wikitude World Browser als erster AR-Browser für Smartphone veröffentlicht (siehe Unterkapitel 2.1.1, Abbildung 3). Das Unternehmen Wikitude zählt zu den Pionieren im mobilen AR-Bereich, seine Freeware zählt zu der wichtigsten Software, die in der Entwicklung von AR häufig genannt wird (Steinschaden, 2017).

Im Jahr 2012 präsentierte Google das Projekt für Google Glass (siehe Unterkapitel 1.1). Bezüglich des Potentials der Entwicklung dieses Devices gab es zahlreiche konkurrierende Meinungen. Drei Jahre nach seinem Debüt hat Google Glass die Erwartungen der Zielgruppe nicht erfüllt und das Vertrauen der Öffentlichkeit nicht gewonnen. Der Verkauf der Datenbrille wurde somit im Januar 2015 eingestellt (Jacobsen, 2017, pp. 221–222). Kurz danach, im Sommer des gleichen Jahres wurde Google umstrukturiert. Ab diesem Zeitpunkt wurden alle Tochterunternehmen der neuen Holding *Alphabet* mit den beiden Google-Gründer, Larry Page und Sergey Brin, an der Spitze untergeordnet (Jacobsen, 2017, pp. 221–223). Trotz des erfolgslosen Debüts präsentierte das Unternehmen Alphabet offiziell am 18 Juli 2017 eine neue und optimierte Version der Datenbrille. Die Enterprise Edition fokussiert sich nicht mehr auf den Consumer-Bereich, sondern nur noch auf Unternehmen. Die neue Version kann in einer Vielzahl von Branchen eingesetzt werden, darunter Fertigung, Logistik, Außendienst und Gesundheitswesen. Das neue Design ist jetzt komfortabler für dauerhaftes Tragen und hat auch eine längere Akkulaufzeit (Nosta, 2017).

Am 17. Mai 2013 startete eine Firma aus Silicon Valley *Meta* eine Crowdfunded Kickstarter-Kampagne für eine „most advanced" Augmented Reality Brille. Meta setzte sich zum Ziel 100.000 US Dollar durch die Kampagne zu sammeln, brachte aber 501 Unterstützer dazu, sein Start-up mit 194.444 US Dollar finanziell zu unterstützen (Kickstarter, 2013).

Im September 2014 präsentierte Meta ihre Datenbrille als *Meta One Developer Kit* auf der *TechCrunch Disrupt*, einer der weltweit führenden Online-Nachrichtenportale für Technologie- und Internet-Unternehmen in San Francisco. Am 14. Dezember 2016 hat Meta mit der Auslieferung der ersten Einheiten des *Meta 2 Development Kits* an Meta-Kunden begonnen. Zu den Kunden gehören Einzelentwickler und Unternehmensentwickler, solche umsatzstarken Unternehmen wie Boeing, Toyota und Caterpillar aber auch AR-Enthusiasten (Meta Company, 2017b). Die Abbildung 13 stellt die letzte Version der Meta AR-Brille dar.

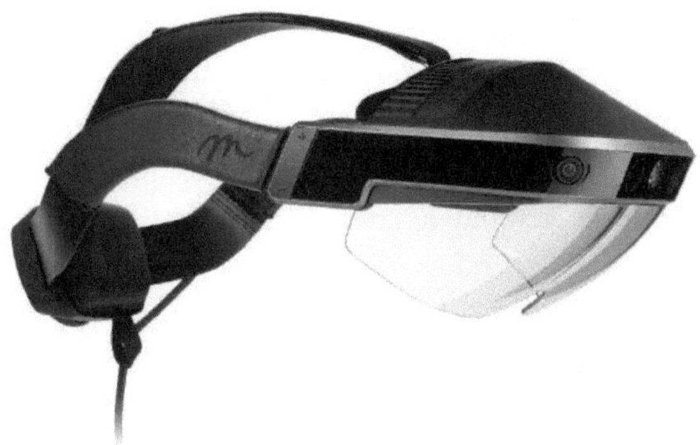

Abbildung 13: Meta 2 Development Kit (Meta Company, 2017a)

Anfang 2014 setzte Google *Project Tango* in Gang. Die Idee des Projekts ist es, eine AR-Plattform zu entwickeln, die es Mobilgeräten ermöglicht, ihren Standort ohne Einsatz von Global Positioning System (kurz GPS) und anderen außenstehenden Signalen zu ermitteln. Im Frühjahr 2015 wurde der Development Kit in Form eines Tablets rausgebracht (Schart & Tschanz, 2017, p. 32). Im August 2017 kündigte Google an, dass das Tango Projekt durch die Augmented Reality-Plattform *ARCore* ersetzt werde (Burke, 2017).

Im Sommer 2017 stellte Apple das *ARKit* auf der weltweiten Entwicklerkonferenz (*engl.* Worldwide Developers Conference kurz WWDC) vor. ARKit bietet eine hochmoderne Plattform für die Entwicklung von Augmented Reality-Apps für iPhone und iPad. Die Plattform kombiniert Gerätebewegungsverfolgung, Kameraszenenerfassung, erweiterte Szenenverarbeitung und Anzeigefunktionen, um die Erstellung eines AR-Erlebnisses zu vereinfachen (Apple Inc., 2017).

3 Technische Grundlagen der Augmented Reality

In diesem Kapitel werden technischen Grundlagen erklärt, die für ein besseres Verständnis der Augmented Reality notwendig sind. Als Grundlage für die Recherche sowie Erstellung dieses Kapitels dienen einschlägige Bücher sowie verschiedene wissenschaftliche Arbeiten von Experten auf dem AR-Gebiet und zugehörigen Gebieten. Das Kapitel ist in zwei Unterkapitel gegliedert. Unterkapitel 3.1 stellt verbreiteten AR-Geräte sowie die eingebauten Komponenten vor, die für Erstellung von AR-Anwendungen benötigt werden. Unterkapitel 3.2 erklärt Verfahren, die AR-Applikationen verwenden, um Benutzerstandort zu lokalisieren und augmentierte Inhalte auf Bildschirmen der Endgeräte in Abhängigkeit von realen Gegebenheiten physikalisch korrekt zu platzieren.

3.1 Augmented Reality Devices

Augmented Reality Systeme bestehen aus Software- und Hardwarekomponenten. Unter Hardwarekomponenten werden in der Fachliteratur folgende genannt:

- Eingabegeräte wie Tastatur, Maus, Touchscreen und -pad;

- Sensoren wie Kameras, Trägheitssensoren, Infrarotsensoren, etc.;

- Ausgebegeräte wie Monitor, Head-Mounted-Displays, Bildschirme der mobilen Geräte, Head-Up-Displays und intelligenten Kontaktlinsen;

- Geräte-Hardware wie Prozessor, Speicher und Graphikarte, die für Verbreitung von Algorithmen und Signale sowie Bereitstellung von Ausgaben verwendet werden (Schart & Tschanz, 2017, pp. 45–47).

Softwarekomponenten sind AR-Programme, die AR-spezifische Algorithmen zum Beispiel für Trackingverfahren (siehe Unterkapitel 3.2) beinhalten und ausführen. Diese sind für Visualisierung sowie eine korrekte Darstellung von virtuellen Inhalten notwendig. Ferner verfügen diese über Datenbanken, die virtuelle Objekte sowie Umgebungsinformationen aufbewahren (Schart & Tschanz, 2017, pp. 45–47). Augmented Reality Devices sind jene, die über notwendige Hardwarekomponente verfügen und mit Softwarekomponenten ausgerüstet werden können (Aurelia et al., 2014). Nachfolgend werden AR-Geräte vorgestellt, die in der Fachliteratur häufig erwähnt werden.

3.1.1 Handhelds

Mobile Devices, die ein Benutzer während der Verwendung in der Hand hält, wie Smartphones und Tablet PCs, kurz Tablets, werden häufig als *Handheld Devices* (*dt.* tragbare Geräte) oder kurz *Handhelds* bezeichnet. Augmented Reality schuldet ihrer Verbreitung nicht zuletzt der rapiden Entwicklung der Handhelds, da diese als mobile Begleiter auch im Konsumentenbereich zugänglich sind. Moderne Smartphones verfügen häufig über Antennen für mobiles Netzwerk und Empfang der GPS-Signale, Mehrkernprozessor, 3D-fähiges Graphikkartenchip, Kamera und eine Vielzahl an Sensoren. Darunter zählen unter anderem Beschleunigungssensor (*engl.* Accelerometer), Magnetometer, *Gyroskop*, ein Sensor zur Bestimmung der Ausrichtung sowie zu Messung der Winkelgeschwindigkeit (Aurelia et al., 2014; Mehler-Bicher & Steiger, 2014, pp. 48–49).

Laut Schart und Tschanz bilden Smartphones zusammen mit Tablets immer noch den größten Anteil an AR-fähigen Devices. Diese Tatsache schulden diese Geräte, laut Aurelia et al., Mehler-Bicher und Steiger sowie Schart und Tschanz, nicht zuletzt ihrer Multifunktionalität und vergleichsweise hohen Zugänglichkeit. Mehrere Sensoren, Anbindungsmöglichkeiten in diverse mobile Netzwerke sowie in der Regel vorhandene zwei Kameras, die gleichzeitige Aufnahme von Nutzer und seine Umgebung ermöglichen, erlauben Erstellung vielfältiger AR-Anwendungen. Solche Anwendungen sind nicht selten erste Anlaufstelle für Technik-Enthusiasten, die diese ausprobieren und sogar selbstständig AR-Applikationen erstellen können, ohne dabei über ein großes Budget zu verfügen, um externe Devices zu beschaffen (Aurelia et al., 2014; Mehler-Bicher & Steiger, 2014, pp. 48–49; Schart & Tschanz, 2017, p. 55).

Mittels dem sogenannten *Inertial Measurement Unit* (*dt.* inertiale Messeinheit oder auch Trägheitssensoren), kurz *IMU*, gelangen Anwendungen des Smartphones bzw. Tablets auf Messdaten der integrierten Sensoren. Am häufigsten werden solche Sensoren wie Beschleunigungssensor, Kreiselinstrument, auch Gyroskop genannt, und in manchen Fällen auch weiteren Sensoren wie beispielsweise Magnetometer (siehe Abbildung 14).

Damit lassen sich solche Werte wie Beschleunigung, Winkelgeschwindigkeit und magnetischer Flussdichten unmittelbar in einem 3D-Raum messen. Ferner lassen sich durch genannte Sensoren solche physikalischen Größen wie Geschwindigkeit, Winkellage und Winkelveränderungen des mobilen Devices ermitteln, die das Gerät durch sein Träger erhält. Diese Daten bilden gemeinsam mit anderen Inputparameter wie etwa GPS-Koordinaten, Kamerabilder oder Eingabeparameter des Users wichtige Grundlage für mathematischen Berechnungen, die eine essenzielle Grundlage für diverse AR-Anwendungen bilden (Billinghurst et al., 2015, pp. 122–125; Yan et al., 2017).

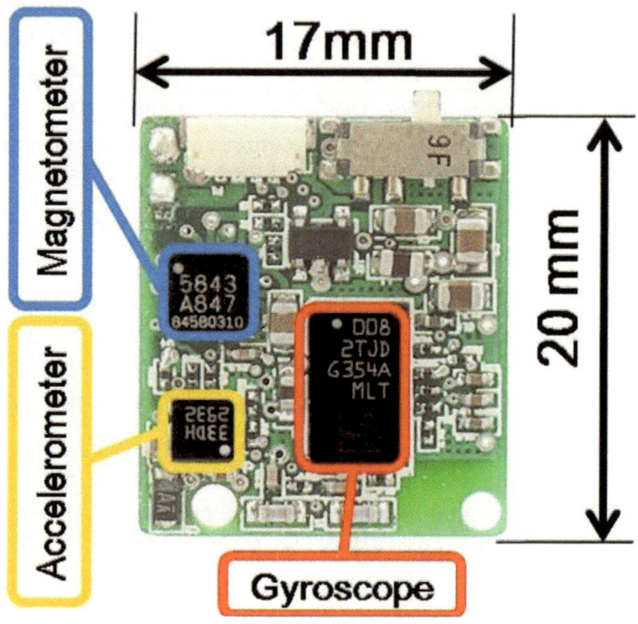

Abbildung 14: Ein Beispiel für eine IMU-Leiterplatte (WB Team, 2016)

3.1.2 Optische Augmented Reality Geräte

Ein *optisches Gerät* besteht aus mehreren Komponenten zur Verarbeitung von Lichtstrahlen. Eine wichtige Komponente ist dabei ein Linsensystem, das die Abbildung eines Realitätsausschnitts für die weitere Verarbeitung ermöglicht. Auf dem AR-Gebiet zählen dazu unter anderem integrierte Kameras, Ausgabebildschirme, intelligente Brillen und Projektoren sowie Rechensysteme, die empfangene Informationen verarbeiten, mit erweiterten Inhalten anreichern und an die geeignete Ausgabekomponente weiterleiten (di Fabrizio et al., 2016; grundwissen.de, 2017; TruLife Optics, 2014). Smartphones und Tablets wurden bereits im Unterkapitel 3.1.1 besprochen. Weitere vier häufig in der Literatur verwendeten optischen Geräten werden nachfolgend vorgestellt.

Generell wird bei optischen AR-Geräten zwischen *„optical-see-through"* und *„video-see-through"* differenziert. Bei „optical-see-through", auch *„see-through"* (*dt.* Durchsicht) genannt, Geräten wird die reale Welt durch Linsen direkt angezeigt und augmentierten Inhalte werden überlappt dargestellt. Als Beispiele für diese Art der Geräte können Microsoft HoloLens (siehe Unterkapitel 2.4), Vuzix Blade und Intel Vaunt (siehe Unterkapitel 5.6.2) genannt werden. Bei „video-see-through" wird die Realität indirekt durch das Kamerabild auf dem Device-Display präsentiert. Dabei können angezeigte Darstellungen bereits virtuelle Objekte beinhalten. So verfügen die meisten VR-Datenbrillen wie Oculus Rift (siehe Unterkapitel 2.3) sowie Smartphone und Tablets (siehe Unterkapitel 3.1.1) über diese Technik (Mehler-Bicher & Steiger, 2014, pp. 44–45; Schart & Tschanz, 2017, pp. 55–57).

Eine primitive Möglichkeit einer AR-Anwendung erfolgt über eine Kamera, die die reale Umgebung aufnimmt, eine Software-Applikation, die die reale Inhalte mit augmentierten erweitert, und einem Bildschirm, der das Ergebnis der Applikation anzeigt. In der Regel wird noch ein zusätzliches Material wie beispielsweise eine Zeitung (siehe Unterkapitel 4.9) benötigt. Dieses Material wird von der Kamera erfasst und von der Applikation verarbeitet. Abhängig von der Material wird ein entsprechender virtueller Inhalt erzeugt und auf dem Ausgabebildschirm dargestellt. Zwar sind solche AR-Anwendungen relativ einfach zu implementieren und sind zudem noch vergleichsweise performant, allerdings sind diese Applikationen wenig interaktiv und bitten geringe immersive Erlebnis in Vergleich zu anderen Methoden (Mehler-Bicher & Steiger, 2014, pp. 42–44; Schart & Tschanz, 2017, pp. 54–55).

Ein *Head-Mounted Display* (*dt.* am Kopf befestigte Bildschirm), kurz *HMD* oder auch *HDM*, ist ein elektronisches Gerät mit visuellen Anzeigebildschirm, das auf dem Kopf des Benutzers getragen wird. Solche Geräte verfügen über optischen Sensoren wie beispielsweise Kameras, die die Informationen aus dem Umfeld des Trägers aufnehmen und mittels Recheneinheit verarbeiten. Dabei werden realen Objekte durch eine Softwareapplikation erkannt, mit augmentierten Informationen ergänzt und an den Ausgabebildschirm weitergeleitet. Erweiterten Anzeigen werden schließlich auf einem mono- bzw. binokularen Display dargestellt. Bei früheren HMDs wurden Kathodenstrahlröhren verwendet, die später durch LCD und OLED-Technologien ersetzt wurden (Schwenke, 2016, pp. 24–34; Theis et al., 2016, pp. 7–12).

Virtuelle Inhalte eines HMDs können entweder direkt auf dem eingebauten Bildschirm bzw. Gläser dargestellt oder indirekt auf diesen projiziert werden. Bei direkten Darstellung auf dem Bildschirm wird häufig eine video-see-through Technik angewendet, wobei die vorher durch Kamera aufgenommene reale Inhalte zusammen mit berechneten virtuellen Objekten angezeigt wird. Die Projektion der Inhalte auf Gläser erfolgt nach optical-see-through Prinzip, da der Träger reale Welt durch Linsen sieht und augmentierte Inhalte überlagert dargestellt werden. Bei einfachen Einblendungen ist diese Technik praktikabel, bei komplexen 3D-Objekten kann es allerdings zu „Schwebeeffekten" führen. Das heißt, durch den Abstand zwischen den Gläsern und Augen können virtuelle Objekte von der richtigen Position leicht „abrutschen" (Azuma, 2017; Schwenke, 2016, pp. 24–34; Theis et al., 2016, pp. 7–12).

Mit dem *Virtual Retinal Display*, kurz *VRD*, entstand eine neue Möglichkeit der visuellen Darstellung. Diese erlaubt virtuellen Objekte direkt auf das Auge des Trägers projizieren zu lassen. Dabei werden mehreren Prismen verwendet, die ausgesendete Lichtstrahlung auf menschliche Augen reflektieren. Laut Muensterer et al. und Thomas A. Furness III, Pionier auf dem VR-Gebiet, sind Auswirkungen für Netzhaut durch den Einsatz relativ niedrigen Strahlungsintensität nicht schädlich. Laut Display Magazin, einem Ratgeberportal zu den Themen Displays, Multimedia, Verkaufsförderung, etc., stellt die verwendete Technologie Bilder mit relativ hoher Auflösung ohne wahrnehmbaren Flimmern dar. Des Weiteren werden einzelnen Bilder besser auf das jeweilige Auge angepasst, wodurch zum einen das stereoskopische Effekt gesteigert und zum anderen bessere Überdeckung realen Objekten durch augmentierten Inhalte ermöglicht wird. Dadurch wirken dargestellten Objekte noch realistischer, wodurch das Gefühl der Immersion noch stärker vermittelt wird (Display Magazin, 2018; Furness, 2018; Muensterer et al., 2014).

Abhängig von ihrer Ausführung klassifizieren Billinghurst et al. HMDs als Smartglasses oder Smarthelmets. *Smartglasses* (*dt.* intelligente Brille oder *Datenbrille*) haben, wie die Name schon andeutet, eine gewisse äußere Ähnlichkeit mit herkömmlichen Brillen. In ihrem Aufbau unterscheiden sich Brillen allerdings stark voneinander. So verfügt beispielsweise Google Glass (siehe Unterkapitel 1.1), laut Muensterer et al., über ein sogenanntes Prisma, das die Rolle eines Bildschirms übernimmt. Ferner verfügen manche Datenbrillen, laut Billinghurst et al., über keine Brillengläser. Andere wie beispielsweise Vaunt (siehe Unterkapitel 5.6.2) haben, laut Jordan Crook, gleiche äußere Gestaltung wie konventionelle Brille. Des

Weiteren existieren video-see-through Smartglasses wie zum Beispiel Oculus Rift (siehe Unterkapitel 2.32.3), die das Blick auf die Realität nur über den integrierten Bildschirm ermöglichen. Die Steuerung kann, laut Billinghurst et al., Muensterer et al. sowie Magic Leap, auf mehreren Arten geschehen: Gestensteuerung, Sprachsteuerung, Blicksteuerung sowie über ein Touchpanel. Des Weiteren ist die Steuerung über externe Geräte wie beispielsweise über ein Smartphone möglich (Billinghurst et al., 2015, pp. 139–141; Crook, 2018; Magic Leap, 2018; Muensterer et al., 2014).

Billinghurst et al. sowie Dörner et al. schreiben, dass ein *Smarthelmet* (*engl.* Datenhelm) als eine Kombination aus einem konventionellen Helm und Datenbrille vorgestellt werden kann. Aus historischer Sicht sind Datenhelmen schon lange bekannt und wurden vor allem im Militärbereichen wie beispielsweise Luftstreitkräften genutzt. Laut DAQRI, einem Datenhelmhersteller für Industriebereich, werden heutzutage Smarthelmets unter anderem in den Industriebereichen wie z.B. Wartung und Instandhaltung (siehe Unterkapitel 4.6) sowie als Motorradhelme verwendet (siehe Unterkapitel 5.6.3), da diese zusätzlich zur Unterstützung durch augmentierte Inhalte der Datenbrillen auch die Schutzfunktion herkömmlicher Helme erfüllen. Ferner haben Smarthelmets mehr Platz, um einzelne für AR notwendige Bestandteile wie Kameras, Sensoren sowie Recheneinheiten einzubauen (Billinghurst et al., 2015, pp. 86–88; DAQRI LLC, 2018; Dörner et al., 2013, pp. 19–21; Pluta, 2014b).

Laut Mehler-Bicher und Steiger sind die sogenannten *Augmented-Reality-Head-Up-Displays* eine andere Art der optischen Geräte, die ebenfalls aus dem militärischen Bereich stammen. Bei Augmented-Reality-Head-Up-Displays, kurz *AR-HUDs*, werden augmentierte Inhalte direkt auf der Frontscheibe projiziert. Heutzutage werden AR-HUDs vor allem in Flugzeugen (siehe Unterkapitel 4.6), Automobile (siehe Unterkapitel 5.6.3) und anderen Verkehrsmittel verbaut. So können beispielsweise Informationen bezüglich der Route, der Navigation sowie entsprechende Messwerte wie Geschwindigkeit, Luftdruck, etc. angezeigt werden (Mehler-Bicher & Steiger, 2014, pp. 46–47). Laut Thomas Geiger hat das den Vorteil, dass der Anwender die benötigen Daten direkt in die Fahrt- bzw. Flugrichtung angezeigt bekommt und muss daher sein Blick nicht abwenden (Geiger, 2017).

Smartlenses (*dt.* intelligente Kontaktlinsen) bilden, laut AR-Experten, eine vergleichsweise neuartige Technologie für optischen AR-Darstellungen (siehe Unterkapitel 5.6.4). Solche Kontaktlinsen gehören generell zu optical-see-through Geräten, da eine direkte Sicht auf reale Welt beim Tragen möglich ist. In eine solche

Linse werden Leuchtdioden (*engl.* light-emitting diodes), kurz LEDs, für die visuelle Darstellung augmentierter Inhalte eingebaut. Diese werden von einem externen Gerät wie beispielsweise einem Smartphone berechnet und durch eine in die Linse integrierte Antenne empfangen (Mehler-Bicher & Steiger, 2014, pp. 47–48; Parviz, 2012; Schart & Tschanz, 2017, p. 60).

3.2 Trackingverfahren und Location-Based-Services (LBS)

Erstellung eines glaubwürdigen immersiven Erlebnisses für Benutzer ist, laut Aurelia et al., ein wesentliches Ziel der Augmented Reality. Da virtuelle Objekte der AR die reelle Welt überdecken, müssen diese an die Umgebung angepasst und entsprechen ausgerichtet werden. Dafür ist es unabdinglich, exakte Position und Ausrichtung der User zu bestimmen. Des Weiteren muss die Bewegung der Benutzer ebenfalls mitberücksichtigt werden. Laut Aurelia et al. bestehen zahlreiche Methoden, um diese Informationen von einem Smartphone oder einem anderen AR-Device in Echtzeit abzufragen. Autoren schreiben, dass für eine korrekte Darstellung der Inhalte auf einem Bildschirm diverse Trackingverfahren angewendet werden (Aurelia et al., 2014).

Ein *Trackingverfahren* (vom *engl.* to track – verfolgen) besteht aus mehrstufigen mathematische Algorithmen, die reale Umwelt und darin befindliche Objekte erkennen und erfassen. Des Weiteren „verfolgen" diese Algorithmen realen Objekte sowie ihre Positionsveränderung im Raum. Anschließend zum Trackingverfahren kann die sogenannte „*Registrierung*" der virtuellen Inhalte erfolgen. Das heißt, dass die reale Welt um virtuelle Objekte mit korrekter Ausrichtung und Positionierung erweitert wird, die sich der Veränderungen in der Realität anpassen. Augmentierte Objekte werden also nach der Registrierung zu „einem Teil" der realen Welt (Billinghurst et al., 2015, pp. 103–108; Mehler-Bicher & Steiger, 2014, pp. 25–29).

Laut Billinghurst et al. sowie Mehler-Bicher und Steiger verwenden die meisten AR-Anwendungen Trackingverfahren für eine korrekte Darstellung der augmentierten Inhalte. Allerdings variiert die Präzision dieser Verfahren abhängig von ihrem Einsatzgebiet und der Leistungskapazitäten des Endgeräts stark. Anwendungen, die für das Tracking notwendige Algorithmen implementieren, werden als *Tracker* bezeichnet. Während in der Medizin relativ hohe Anforderungen an die Präzision der Anwendungen gestellt wird (siehe Unterkapitel 4.5), fallen Ansprüche im Unterhaltungsbereichen wie beispielsweise AR-Gaming (siehe Unterkapitel 4.13) niedriger aus (Billinghurst et al., 2015, pp. 103–108; Mehler-Bicher & Steiger, 2014, pp. 25–29).

Nach AR-Experten, Billinghurst et al. sowie Mehler-Bicher und Steiger, kann ein Trackingverfahren nach *"Outside-Looking-In"*-Prinzip oder kurz *"Outside-In"*-Prinzip und *"Inside-Looking-Out"*-Prinzip oder nach *"Inside-Out"*-Prinzip erfolgen. Bei "Outside-In"-Prinzip werden Sensoren in einem oder mehreren Räumen montiert. Bei „Inside-In"-Prinzip werden dagegen Sensoren des mobilen Endgeräts verwendet, das ein Benutzer während des Verfahrens verwendet (Billinghurst et al., 2015, pp. 103–108; Mehler-Bicher & Steiger, 2014, pp. 25–29). Falls virtuellen Inhalte in Abhängigkeit von ihrer geographischen Lage auftreten sollen, dann sind sogenannten Location-Based-Services erforderlich.

Laut Aurelia et al. sind *Location-Based-Services* (*dt.* Standortbezogener Dienste) oder kurz *LBS* Software, die ihren Dienst in Abhängigkeit von Benutzerstandort erbringen. Mit der steigenden Popularität der multifunktionalen mobilen Devices wächst ebenfalls das öffentliche Interesse an LBS. Ursprünglich als eine Möglichkeit zur Lokalisierung der nahegelegene *Points of Interest* (*dt.* „interessante Orte") oder kurz *POI*, als Navigation oder als Zusatzoption der sozialen Netzwerke, um eigene Beiträge mit aktuellen Position zu verknüpfen, entstanden, hat sich die Technologie rasant weiterentwickelt und vervielfältigt. Nach der Analyse der praktischen Anwendungsbeispiele auf dem AR-Gebiet in dieser Arbeit, wurden mehrere Einsatzgebiete dokumentiert, in denen LBS Anwendungen eingesetzt wurden (siehe Kapitel 4). LBS Anwendungen dominieren in solchen Bereichen wie Reisen und Tourismus (siehe Unterkapitel 4.12), Geocaching und AR-Gaming (siehe Unterkapitel 4.13), Werbung und Marketingkampagnen (siehe Unterkapitel 4.3), Navigation und Verkehrswesen wie beispielsweise Automobilindustrie (siehe Unterkapitel 4.11 und 5.6.3) (Aurelia et al., 2014). Des Weiteren, schreiben Rehman und Cao, ist der Einsatz der standortbezogenen Dienste auch in geschlossenen Räumlichkeiten wie Messegelände, Museen (siehe Unterkapitel 4.7 und 4.8), Internetkaffees und privaten Haushalten möglich, um eine AR-Erfahrung abhängig von der Nutzerposition anzubieten (Rehman & Cao, 2017).

Sowohl LBS als auch Trackingverfahren benötigen Methoden zur Positionsbestimmung. Mehler-Bicher und Steiger differenzieren zwischen nichtvisuellen und visuellen Verfahren. Für nichtvisuellen Methoden zählen jene, die sich auf Signalwerte stützen, die durch Sensoren als Messwerte in IMU-Modul des Endgeräts oder durch Antennen gelangen (siehe Kapitel 3.1.1). Laut Mehler-Bicher und Steiger sowie Billinghurst et al. bilden diese Werte dann die Grundlage für mehrstufigen mathematischen Berechnungen. Visuelle Methoden verwenden dagegen ausschließlich Kamerabilder für ihre Auswertungen (siehe Kapitel 3.2.3) (Billinghurst et al., 2015, pp. 105–121; Mehler-Bicher & Steiger, 2014, pp. 25–29). Um Präzision zu erhöhen, können mehrere Kameras bzw. eine Kamera aus verschiedenen Blickwinkeln, laut Rehman und Cao., in die Berechnungen miteinbezogen werden (Rehman & Cao, 2017). Da rein visuelle Methoden, laut Mehler-Bicher und Steiger, Billinghurst et al. sowie Rehman und Cao, in der Regel sehr rechenintensiv sind und die Verfahren, die sich ausschließlich auf Messwerte beruhen, fehleranfällig sind, werden in der Praxis häufig hybride Verfahren eingesetzt, die die beiden nach Mehler-Bicher und Steiger definierten Typen mit einander mischen (Billinghurst et al., 2015, pp. 123–124; Mehler-Bicher & Steiger, 2014, pp. 25–29; Rehman & Cao, 2017).

Laut Mehler-Bicher und Steiger werden häufig bei den nichtvisuellen Methoden satellitenbasierten Lösungen wie GPS-Ortung, netzwerkbasierte Lokalisierungsmethoden für Wi-Fi- sowie Bluetooth-Netzwerke und sensorgestützte Verfahren verwendet. Die Letzteren beziehen, nach Aurelia at al. sowie Mehler-Bicher und Steiger, Sensordaten des Endgeräts wie Beschleunigung und Winkelgeschwindigkeit und eventuell Werte externen Sensoren für Berechnungen ein. Abhängig von der Bauweise des Endgeräts werden weitere Verfahren zur Positionsbestimmung wie Mobilfunk-basierte Methoden berücksichtigt (Aurelia et al., 2014; Mehler-Bicher & Steiger, 2014, pp. 25–26).

Basiri et al. haben insgesamt 20 diversen nichtvisuellen Methoden beschrieben (Basiri et al., 2017). Aus diesem Grund werden solche Methoden in dieser Arbeit auf Verfahren zur globalen Positionsbestimmung und jene, die für nichtvisuelle Indoor Navigation sowie Tracking geeignet sind, unterteilt. Ein globales Positionsbestimmungssystem wird im Unterkapitel 3.2.1 vorgestellt, anschließend werden im Unterkapitel 3.2.2 nichtvisuelle Methoden beschrieben und schließlich werden visuelle Verfahren im Unterkapitel 3.2.3 anhand von Google Tango Technologie (siehe Unterkapitel 4.4) erklärt.

3.2.1 Globale Positionsbestimmung

Für die globale Positionsbestimmung auf der Erde bedienen sich, laut Aurelia et al. sowie Kharade et al., die meisten mobilen Anwendungen der satellitenbasierten Lösungen namens *Global Positioning System* (*dt.* globales Positionsbestimmungssystem), kurz *GPS*. Dafür wird ein Modul mit Empfangsantenne der Satellitensignale vorausgesetzt. Dieses Modul ermöglicht Benutzerposition relativ exakt zu bestimmen. Dafür werden die vom Satelliten ausgestrahlten Signale mittels Antenne empfangen. Jeder Satellit versendet kontinuierlich Signale, die seine Position in der Umlaufbahn beinhält sowie die Uhrzeit, zu der das jeweilige Signal versendet wurde. Die Geschwindigkeit eines Signals ist bekannt. GPS-Empfänger berechnet die Differenz zwischen Uhrzeit des Endgeräts und der Zeit, die der Satellit beim Versenden des Signals angibt. Aus der Signalgeschwindigkeit und der Zeitdifferenz lässt sich der Abstand zwischen dem GPS-Empfänger und dem Satelliten ermittelt (Aurelia et al., 2014; Kharade et al., 2017).

Laut Aurelia et al. sowie Kharade et al. kann mit nur einem Satelliten lediglich der Abstand zwischen dem Satelliten und der Empfangsantenne gemessen werden, eine genauere Positionsangabe ist jedoch nicht möglich. Zwei Satelliten können ebenfalls nur eine vage Auskunft über die Position liefern. Erst mit drei Satelliten, behaupten die Autoren, kann ein Verfahren namens *Triangulation*, Positionsbestimmung als ein Schnittpunkt von drei Ausgangspunkten eines Dreiecks (siehe Abbildung 15), überhaupt eingesetzt werden. In der Praxis werden aber in der Regel vier Satelliten verwendet, um die Genauigkeit zu erhöhen und Messfehler zu verringern. GPS wird häufig für eine Positionsbestimmung des Benutzers sowie für Navigation in Freien verwendet (Aurelia et al., 2014; Kharade et al., 2017).

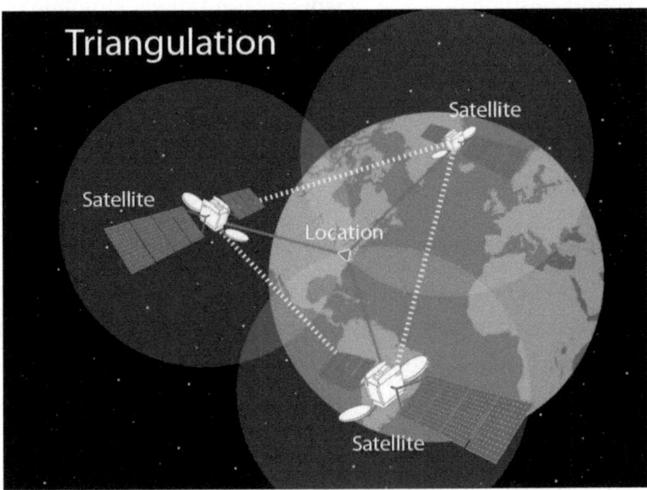

Abbildung 15: Triangulationsverfahren durch drei Satelliten (National Geographic, 2018)

Allerdings hat GPS, als eine bewährte Positionsbestimmungsmethode für LBS, auch ihre Grenzen und Nachteile. Laut Aurelia et al. sowie Xiong et al. funktioniert das globale Positionsbestimmungssystem am besten unter dem freien Himmel, bei gutem Signalempfang und nur dann, wenn keine Hindernisse wie beispielsweise hohe Mauer und andere massive Störquellen zwischen dem Empfänger und Satelliten vorhanden sind. Ein anderer bedeutender Aspekt ist der relativ hohe Stromverbrauch für das kontinuierliche Empfangen und Verarbeiten von GPS-Signalen. Außerdem wird das Signal, laut Autoren, in gewissen Zeitabständen erfasst, das heißt zwischenzeitliche Abweichungen von der ursprünglichen Route, die beispielsweise durch den Richtungswechsel des Empfängers entstehen können, müssen durch anderen Messtechniken und mathematischen Verfahren, auch Filter genannt, kompensiert werden. Ferner kann die Herstellung des Signals sowie ursprüngliche Positionsberechnung je nach Situation von mehreren Sekunden bis zu circa halben Minute in Anspruch nehmen. Dieser Wert erhöht sich bei bewegten Objekten. Des Weiteren kann die Genauigkeit der Positionsbestimmung im Schnitt zwischen fünf und zehn Meter variieren (Aurelia et al., 2014; Xiong et al., 2018).

Trotz der genannten Schwächen und dem Vorhandensein anderer Möglichkeiten zur globalen Positionsbestimmung wie beispielsweise mittels Mobilfunkmasten, ist GPS zurzeit, laut Aurelia et al., die verbreitetste und zudem auch noch relativ genaue Positionsbestimmungsmethode. Ferner existieren Ansätze und sogar fertige Verfahren, die manche GPS Nachteile kompensieren. Dazu zählen unter anderem mathematischen Algorithmen von Xiong et al., die eine etwas genauere GPS Navigation ermöglichen (Aurelia et al., 2014; Xiong et al., 2018).

3.2.2 Indoor Navigation und Tracking mit nichtvisuellen Methoden

Im Indoor Bereich existieren mehrere Möglichkeiten für Positionsbestimmung und Tracking. In der Literatur sind häufig visuelle und sensorbasierte Verfahren für Indoor Bereiche beschrieben. Visuelle Verfahren werden im Unterkapitel 3.2.3 vorgestellt. Zu sensorbasierten Methoden gehören, laut einschlägiger Fachliteratur, unter anderem die folgende:

- Bluetooth, vor allem Bluetooth Low Energy, kurz BLE;
- Ultra-wide Band (dt. Ultra-Breitband), kurz UWB, sind hochfrequente Funkbereiche im Gigaherzbereich mit einer relativ großen Bandbreite von mindestens 500 MHz;
- Wireless Local Area Network, kurz WLAN oder Wi-Fi;

- Radio Frequency Identification, kurz RFID;
- Ultraschallsensoren;
- Optoelektronischen Sensoren wie beispielsweise Infrarot;
- Trägheitssensoren wie Gyroskop und Beschleunigungssensor;
- Funktechnik wie beispielsweise digitales Antennenfernsehen;
- Magnetometer für Kompass-basierte Anwendungen.

Nachfolgend werden WLAN-, Bluetooth- und trägheitssensorische Verfahren erklärt (Aurelia et al., 2014; infsoft, 2017b; Mehler-Bicher & Steiger, 2014, pp. 25–26; Rehman & Cao, 2017).

Eine Reihe der meist verbreitetsten Verfahren für Positionsbestimmung in Indoor-Bereichen basieren, laut Aurelia et al. sowie Vasisht et al., auf *Wi-Fi Positioning System* (*dt.* WLAN-basierte Ortung), kurz *WPS*. Dabei muss ein Empfänger lediglich eine WLAN-Antenne besitzen, um die eigene Position bestimmen zu können. Ursprüngliche Ansätze basierten auf Triangulation-Verfahren mittels mehreren Wi-Fi Access Points. Dafür wird, schreiben Autoren, zunächst Zeitdifferenz zwischen versendeten und empfangenem Signal ermittelt. Diese Zeitdifferenz wird als *Time of Flight* (*dt.* Signallaufzeit), kurz *ToF*, bezeichnet. Anschließend wird ToF mit der Lichtgeschwindigkeit multipliziert und so die Distanz zwischen einem Access Point und dem Empfänger berechnet. Um die Genauigkeit zu erhöhen, wurden von den Forscher bis zu fünf Wi-Fi Access Points in die Berechnung miteinbezogen. Eine der ersten Anwendungen dieser Technik war von der Firma *Skyhook Wireless* für das Smartphone iPhone (Aurelia et al., 2014; Vasisht et al., 2016).

Laut Aurelia et al. sowie Vasisht et al., haben WLAN-basierte Ortungssysteme gewisse Vorzüge gegenüber einigen anderen Methoden. Dazu zählen unter anderem eine relativ schnelle Positionsberechnung und ein vergleichsweise geringer Stromverbrauch. Allerdings ist eine WLAN-basierte Ortung nicht immer möglich, da ein Access Point nicht immer vorhanden oder zugänglich ist. Die Autoren betonen, dass die Genauigkeit der WPS-Methoden kann ebenfalls stark variieren und ist vom gewählten Ansatz abhängig. Solche Faktoren wie Feuchtigkeit, Signalreflexion und andere elektromagnetische Strahlungen können allgemein sich negativ auf die Qualität der Positionsberechnungen auswirken(Aurelia et al., 2014; Vasisht et al., 2016). Die ersten Ansätze zur Positionsbestimmung mittels Wi-Fi setzten mehreren Access Points voraus. Da dies laut Vasisht et al. nicht immer möglich bzw. erwünscht war, wurden mehrere Ansätze für die Positionsbestimmung mittels einem einzigen Access Point entwickelt (Vasisht et al., 2016).

Laut Vasisht et al. wäre eine mögliche Anwendung die Durchführung mehrerer Abstandsmessungen zwischen dem Access Point und Empfänger aus mehreren räumlichen Punkten. In diesem Fall werden für Berechnungen, laut den Autoren, ebenfalls Werte des Beschleunigungssensors berücksichtigt, um die räumliche Positionsänderungen sowie die Richtungsänderungen gegenüber dem Messursprung zu erfassen. Die Ermittlung der Position erfolgt anhand mehrerer Abstandpunkte zum Access Point sowie entsprechenden Bewegungsvektoren um den Access Point. Des Weiteren beschreiben die Autoren eine andere Methode namens *Chronos*. Dabei werden mehrere WLAN-Frequenzbereiche verwendet, darunter 2,4 GHz als auch 5 GHz Bereiche für die Ermittlung des ToF von Empfänger bis zu Antennen eines Access Point. Bei dieser Methode werden Geschwindigkeitsunterschiede der einzelnen Frequenzbereiche zunutze gemacht. Um die Positionsbestimmung mittels Triangulation-Verfahrens zu ermöglichen, sind mindestens zwei Antennen auf dem Access Point erforderlich. Damit ergeben sich drei Punkte im Raum: zwei Antennen des Access Points und eine Antenne des Zielgeräts. Abstand zwischen den Antennen wird mittels ToF-Berechnungen bestimmt. Die Koordinaten des Access Points und somit auch seinen beiden Antennen müssen bekannt sein. Positionsbestimmung wird aus einzelnen Abständen zu der jeweiligen Antenne ermittelt. In günstigen Fällen, schreiben Vasisht et al., kann mit Hilfe von Chronos eine Genauigkeit von bis zu 10 Zentimeter erreicht werden. Allerdings sinkt die Genauigkeit bereits auf dem Abstand zwischen 12 und 15 Meter auf 26 Zentimeter (Vasisht et al., 2016).

Ein weiterer Ansatz zur Positionsbestimmung, der laut Schart und Tschanz besonders in der USA verbreitet ist, wird mittels sogenannten *Beacons* realisiert. Ein Beacon (*dt.* Leuchtfeuer oder Leuchtturm) ist ein Bluetooth-Sender, der kontinuierlich ein Signal mit eigener ID versendet. Dabei wird die *Bluetooth Low Energie* (*dt.* Bluetooth mit geringem Energieverbrauch), kurz *BLE*, Technik angewendet, die als ein energieschonender Protokollstapel des Bluetooth 4.0 Standards eingeführt wurde, laut Bluetooth Special Interest Group. Für die Positionsbestimmung werden mehrere Beacons in einem oder mehreren Räumen montiert, die in regelmäßigen Abständen ihre IDs absenden (Bluetooth Special Interest Group, 2010; Schart & Tschanz, 2017, pp. 93–95). Nach Bluetooth Special Interest Group und Basiri et al. können mobile Geräte diese Signale empfangen, die mindesten Bluetooth 4.0 unterstützen (Basiri et al., 2017; Bluetooth Special Interest Group,

2010). Laut *infsoft GmbH*, einem Unternehmen, das sich auf Indoor Navigation, Indoor Analytics, Indoor Tracking und Location-Based-Services spezialisiert, muss keine Verbindung zwischen Beacons und Endgeräten aufgebaut werden. Für die Auswertung der versendeten Beacon-IDs müssen entsprechende Anwendungen auf mobilen Devices installiert werden. Diese Anwendungen können Beacon-IDs zu Beacon-Position zuordnen. Ferner sind solche Applikationen in der Lage, anhand der Signalstärke die Entfernung zwischen dem Endgerät und sich in der Reichweite befindlichen Beacons zu ermitteln. Kann ein Endgerät mehr als ein Beacon-ID empfangen, so kann die entsprechende Anwendung Position des Endgeräts ermitteln. Dabei wird das Triangulationsverfahren angewendet, wobei die Positionen der einzelnen Beacons sowie deren Abstand zu einander und zum Endgerät bekannt sind (infsoft, 2017a).

Laut infsoft GmbH beträgt die Genauigkeit des Beacon-basierten Verfahrens ein bis drei Metern, bei einer Reichweite von bis zu 30 Metern. Mit dem Einsatz spezieller Zusatzhardware lässt sich die Reichweite auf maximal 75 Metern erweitern, allerdings sinkt gleichzeitig die Präzision eines solchen Verfahrens auf bis zu acht Metern. Ein Beacon lässt sich sowohl durch eine externe als auch durch eine interne Stromquelle wie beispielsweise eine Batterie versorgen. Bei batteriebetriebenen Beacons haben Sendereichweite und Übertragungsintervall eine unmittelbare Auswirkung auf die Lebensdauer der Batterie. Beacons sind in diversen Ausführungen verfügbar, z.B. in einem flachen Format mit gedruckter Batterie (siehe Abbildung 16). Zur bekanntesten Beacons, laut infsoft GmbH, zählen iBeacon von Apple und Eddystone von Google (infsoft, 2017a).

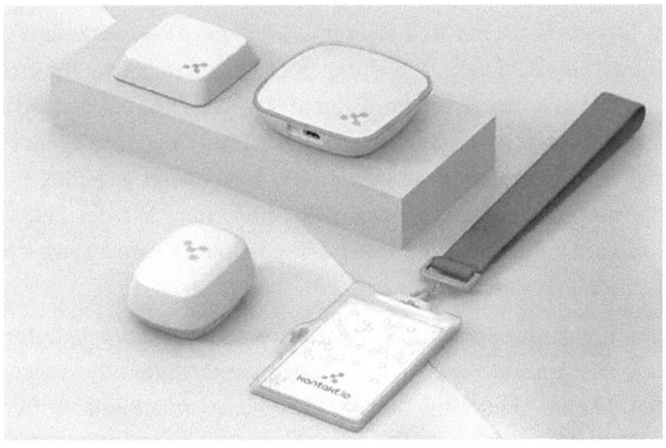

Abbildung 16: kontakt.io Beacons in diversen Ausführungen (infsoft, 2017a)

Ein anderes nichtvisuelles Tracking- und Navigationsverfahren beruht auf die Auswertung der Trägheitssensoren. Dabei werden Sensorwerten eines Endgerätes, laut Schart und Tschanz, zur mathematischen Berechnungen herangezogen. Diese Berechnungen geben dann den Aufschluss über den aktuellen Winkel in dem sich das Gerät befindet, Anzahl der Schritte, die der Träger zurückgelegt hat, durchschnittliche Geschwindigkeit mit der das Device unterwegs ist, etc (Schart & Tschanz, 2017, pp. 52–54). Laut Mehler-Bicher und Steiger sind Abfragen der Sensorwerten sowie auf dessen Grundlagen basierten Berechnungen für moderne Endgeräte wie Smartphones relativ energieeffizient und für Mehrkernprozessoren sind diese meistens relativ schnell durchführbar (Mehler-Bicher & Steiger, 2014, pp. 25–26). Daher findet Auswertung der Trägheitssensoren häufig in hybriden LBS- und Trackingverfahren statt, um deren Genauigkeit relativ problemfrei zu erhöhen (Billinghurst et al., 2015, pp. 123–124).

Yan et al. entwickelten ein mathematisches Verfahren für Navigation und Bewegungstracking auf Basis von Trägheitssensoren. Für diese Methode werden nur die Werte eines Gyroskops und eines Beschleunigungsmessers eines Smartphones für die Berechnungen herangezogen. In mehreren Tests hat sich dieses Verfahren nicht nur als äußerst effizient erwiesen, sondern konnte auch eine relativ hohe Präzision in Indoor aber auch in Outdoor Bereichen aufweisen (Yan et al., 2017).

3.2.3 Visuelle Trackingverfahren

Laut Billinghurst et al. gehören zu visuellen Verfahren jene, die durch optischen Sensoren aufgenommenen Daten verarbeiten. Zu optischen Sensoren gehören unter anderem Infrarotsensoren und Kameras. Frühere AR-Ansätze aus 1990er basieren auf Infrarot-Reflexionen, die durch mehrere installierte Infrarot-LEDs ausgestrahlt und Infrarot-Receiver empfangen werden. Die Autoren schreiben, dass diese Ansätze ihrer Zeit vergleichsweise hohe Präzision, gute Skalierbarkeit und Zuverlässigkeit boten, waren aber zugleich kostspielig, komplex in ihrem Aufbau und erforderten Montage einzelnen Komponenten. Mit der Zeit wurden solche Verfahren nach und nach durch deutlich günstigere kamerabasierten Methoden ersetzt (Billinghurst et al., 2015, pp. 105–108).

Eine einfache Methode, laut Schart und Tschanz, eine visuelle Verknüpfung zwischen der realen Welt und virtuellen Inhalt aufzubauen, bieten die sogenannten QR-Codes, wobei *QR* eine Abkürzung für *Quick Response* (*dt.* schnelle Antwort) ist. Diese Codes sind 2D-Abbildungen, die sowohl in digitaler Form in einer Bildschirmausgabe als auch in analogen Medien wie beispielsweise Printmedien vorkommen können. Um den Inhalt der QR-Code zu entschlüsselt, müssen diese zunächst mit der Kamera eines Endgeräts aufgenommen und durch sogenannten *Reader-* oder *Scansoftware* decodiert werden. Die Decodierungsregeln allgemein bekannt sind, wodurch die Interoperabilität der QR-Codes gewährleistet wird (Schart & Tschanz, 2017, pp. 26–27).

Laut *Denso Wave Inc.*, Erfinder von QR-Codes, besteht jedes QR-Code aus vielen schwarzen quadratischen Kästchen, die eine bestimmte Bedeutung haben. Die meisten Kästchen in einem QR-Code sind in ihrer Größe einheitlich und werden als *modules* (*dt.* Baustein) bezeichnet. QR-Code können in ihrer Größe und Inhalt variieren, dabei das kleinste QR-Code 21 mal 21 und das größte 177 mal 177 modules groß ist (siehe Abbildung 17). Allgemein lassen sich Dezimalziffern, alphanumerische Zeichen und Kanji-/Kana-Zeichen in einem QR-Code darstellen. Solche Codes können Nachrichten und Informationen beinhalten sowie auch als ein Verlinkungsmittel zu digitalen Inhalten wie etwa eine URL einer Webseite dienen (Denso Wave, 2018).

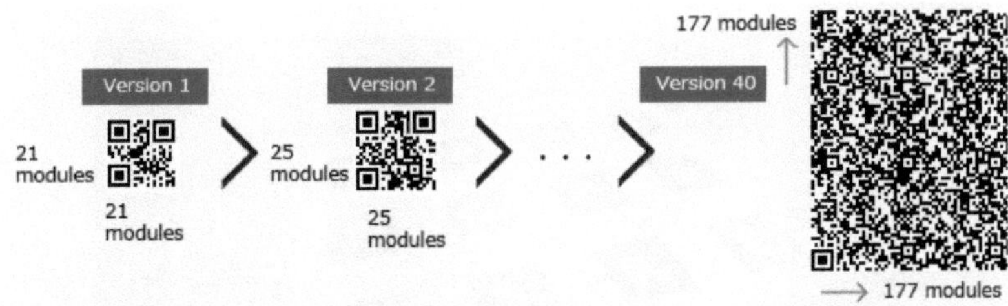

Abbildung 17: Diverse QR-Codes (Denso Wave, 2018)

Billinghurst et al. sowie Mehler-Bicher und Steiger schreiben, dass das Tracking unabhängig von dem gewählten visuellen Verfahren in zwei wesentlichen Schritten unterteilt werden kann. Im ersten Schritt erfolgt die Initialisierung des Verfahrens, dafür werden aufgenommene Bilder nach Objekten bzw. markanten Punkten im Raum durchsucht, die dem Tracker eine Orientierung geben. Anschließend werden Veränderungen in Bezug auf diese Orientierungspunkte über nachfolgende Bilder im nächsten Schritt verfolgt. Parallel dazu können Verfeinerungen vorgenommen werden. Dazu zählen, laut der Experten, die Erkennung neuer Objekte bzw. Punkte und die Voraussage über die nächsten Schritte des Benutzers. Solche Maßnahmen erhöhen die Genauigkeit des jeweiligen Verfahrens (Billinghurst et al., 2015, pp. 103–108; Mehler-Bicher & Steiger, 2014, pp. 25–29).

Laut Mehler-Bicher und Steiger wird bei einem kamerabasierten visuellen Trackingverfahren differenziert, ob es sogenannte Marker verwendet oder nicht. Ein *Marker* ist, laut Billinghurst et al., Mehler-Bicher und Steiger sowie Schart und Tschanz, ein 2D- und in manchen Fällen 3D-Muster bzw. Objekt, das vom Kamera relativ einfach erfasst werden kann, um beim Tracking eine Orientierung zu geben. Aus diesem Grund müssen Marker auch aus einer Entfernung gut und unverwechselbar erkennbar und für die Software leicht zu verarbeiten sein. Aus diesem Grund sind die meisten Marker zweidimensional und verwenden schwarzweißen Muster, die stark variieren können. Die Experten auf diesem Gebiet betonen, dass das Ziel der Marker eine Orientierung zu bieten ist. Die Marker müssen daher so gewählt werden, dass dies bei jeder möglichen Lage der Kamera und aus jeder möglichen Richtung gewährleistet ist. Dafür beinhalten die meisten Marker ein oder mehrere Ausrichtungshinweise. Werden für die Orientierung mehrere Marker an einem realen Objekt angebracht, so wird das von Schart und Tschanz als *Multimarker Tracking* bezeichnet (siehe Abbildung 18) (Billinghurst et al., 2015, pp. 103–108; Mehler-Bicher & Steiger, 2014, pp. 26–35; Schart & Tschanz, 2017, pp. 47–48).

Abbildung 18: Mehrere Marker von ARToolKit (Qian, 2017)

Billinghurst et al., Mehler-Bicher und Steiger schreiben, dass die musterbasierte Ansätze immer noch verwendet werden, jedoch haben diese einen entscheidenden Nachteil: sie setzten das Vorhandensein von Maker voraus, die an richtigen Stellen platziert und deutlich erkennbar sein sollen. Mit der steigenden Leistung der Endgeräte ist es möglich, Orientierung in einer Indoor Umgebung ohne jegliche Marker zu verschaffen. Dafür wird die Umgebung, laut den Experten, nach sogenannten *Features* (*dt.* Merkmale) durchsucht. Diese Merkmale sind in der Regel Ecken, Kanten, markante Punkte und Übergänge, die auf einem Bild oder einer

Bildsequenz deutlich zu erkennen sind. Dieser Prozess wird von Billinghurst et al. sowie Mehler-Bicher und Steiger als *Feature Detection* (*dt.* Mustererkennung) bezeichnet. Ein beispielhaftes Ergebnis dieses Prozesses ist in Form von farbigen Punkten auf der Abbildung 19 zu sehen. Werden diese Features sowie ihre relative Positionsänderungen über mehrere Bilder verfolgt, so wird von *Feature Tracking* (*dt.* Merkmalverfolgung) gesprochen (Billinghurst et al., 2015, pp. 112–122; Mehler-Bicher & Steiger, 2014, pp. 35–41). Da zum heutigen Standpunkt bereits diverse visuellen Trackingverfahren ohne Verwendung von Marker existieren, wird nachfolgend das Verfahren von Google Tango sowie seinem Nachfolger AR-Core beispielhaft erläutert.

Abbildung 19: Feature Detection mittels Google Tango Technologie (Vijayasarathy, 2017)

Laut Dr. Eberhard Gülch, Jafri und Khan sowie Jon Mundy erschien mit Google Tango ein Trackingverfahren, das ohne jegliche Marker auskommt. Das Tracking erfolgt in drei parallelen Schritten: Motion Tracking, Depth Perception und Area Learning. Mit *Motion Tracking* (*dt.* Bewegungsverfolgung) wird durch ein Tango Device nicht nur die Beschleunigungs- sowie Neigungswerte aus dem IMU ausgelesen (siehe Unterkapitel 3.1.1), sondern ebenfalls Kamerabilder ausgewertet. Dazu werden die Features wie Ecken und Kanten auf aufgenommenen Bilder erkannt und über mehrere Bilder verfolgt. Dieser Prozess wird von Autoren als *Feature Tracking* bezeichnet (Gülch, 2016; Jafri & Khan, 2016; Mundy, 2017).

Laut Dr. Eberhard Gülch, Jafri und Khan sowie Jon Mundy wird mit *Depth Perception* (*dt.* Tiefenwahrnehmung) der Abstand zwischen dem Endgerät und Objekten in der Umgebung gemessen, um den 2D-Objekten auf Bildern eine relative Entfernung zum Endgerät zu geben (siehe Abbildung 20). Dafür existieren, laut Experten, mehrere Verfahren. Google Tango verwendet zwei Kameras, um die Umgebung aus zwei leicht verschobenen Perspektiven zu betrachten. Dabei werden erstellten Bilder miteinander verglichen. Je größer die Verschiebung ist, desto größer die Entfernung zum Endgerät ist. Ferner werden Messungen mit Infrarotstrahlungen durchgeführt. Dafür strahlt das Device mehrere Infrarotstrahlen aus, deren Reflexionen mit einem integrierten infrarotbasierten Tiefensensor erfasst werden. Je größer die Strahlenpunkte auf Objekten erscheinen, desto näher diese zum Endgerät sind. Des Weiteren, schreiben die Experten, wird die Signallaufzeit (*engl.* Time of Flight) anhand der Reflexion der versendeten Infrarotstrahlen gemessen. Je kürzer diese Laufzeit ist, desto näher sich Objekte zum Device befinden (Gülch, 2016; Jafri & Khan, 2016; Mundy, 2017).

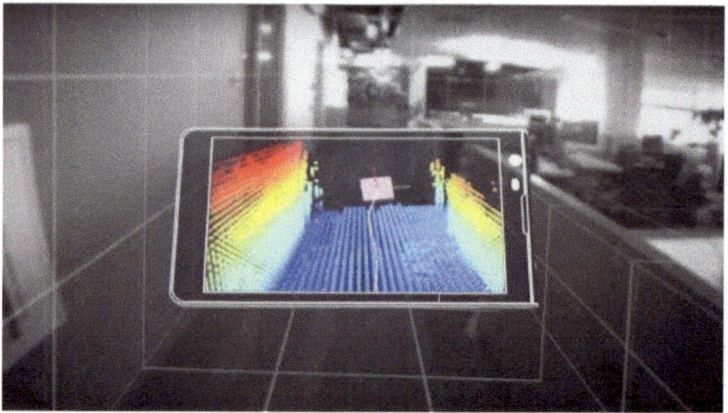

Abbildung 20: Depth Perception mit Google Tango (Mundy, 2017)

Laut Dr. Eberhard Gülch, Jafri und Khan sowie Jon Mundy kommt die Google Tango Technologie ohne Marker und externen Kartenmaterial aus. Dafür benötigt es neben den Umgebungslernprozess, der durch Motion Tracking und Depth Perception zustande kommt, auch die Möglichkeit sich an die Umgebung zu „erinnern". Diese Aufgabe übernimmt, laut Experten, *Area Learning* (*dt.* Umgebungserkennung) bei Google Tango. Dafür wird beim Lernprozess ein *Area Description File* (*dt.* Umgebungsbeschreibungsdatei), kurz *ADF*, erzeugt. Diese wird beim Lernprozess erzeugt und durch die Erkundung der Umgebung mit dem Endgerät mit Informationen über Umgebung gefüllt. Die wichtigste Metrik dabei ist die *Deckungsgrad* (*engl. coverage*), die prozentuale Erkundungsgrad der realen Umgebung angibt. Bei einem relativ hohen Deckungsgrad wird die Orientierung in der Umgebung für Google Tango erleichtert. Zusätzlich zur Orientierung kann eine ADF Datei mit virtuellen Objekten versehen und exportiert werden. Das erlaubt

Erstellung eigener ADFs für bestimmte Innenareale wie beispielsweise Messen mit virtuellen Objekten, die anschließend in Apps integriert und vertrieben werden können (Gülch, 2016; Jafri & Khan, 2016; Mundy, 2017).

Laut Janssen und Ungerer wurde mit Google Tango ein komplexes und mehrstufiges Verfahren entwickelt, das die Erstellung und Ausführung von AR-Apps ermöglichte. Allerdings forderte dieses Verfahren das Vorhandensein von Zusatzhardware wie z.B. eine zusätzliche Kamera auf der Rückseite des Handheld sowie eines Infrarotsensors für die Tiefenwahrnehmung. Dadurch war die Anzahl der Tango-fähigen Devices und dafür erstellten Apps relativ überschaubar. Das wurde auch von Google erkannt und die Weiterentwicklung der Plattform beendet. Das Support für Tango wurde am 1. März 2018 offiziell eingestellt. Zurzeit fokussiert sich Google, laut den Journalisten, auf seine neue AR-Plattform namens ARCore (Janssen, 2017; Ungerer, 2017).

Google Experten betrachten ihre AR-Plattform *ARCore* als Nachfolger von Tango. Dies wird ebenfalls von Google Journalisten Dave Burke in seinem Blog „ARCore: Augmented reality at Android scale" dargestellt. Die neue Plattform von Google verwendet ähnliche Verfahren wie Tango, kommt allerdings ohne zusätzlichen Hardware wie bereits erwähnten Zusatzkamera und Infrarotsensor aus. Damit soll gewährleistet werden, laut Burke, dass ARCore auf einer Vielzahl an Android Smartphones lauffähig ist. Die wesentlichen Schritte, die laut Google und Burke bei AR-Tracking erfolgen, sind: Motion Tracking, Environmental Understanding und Light Estimation. Motion Tracking geschieht auf gleiche Art und Weise wie bei Google Tango und dient hauptsächlich zur Orientierung in der Umgebung. Unter dem Begriff *Environmental Understanding* (*dt.* Umweltverständnis) verbirgt sich eine kontinuierliche Erkennung neuer Merkmale (*engl.* features) in der Umgebung und Interpretation der bereits angehäuften Features. Auf diese Weise werden flachen horizontalen Ebenen erkannt, die fürs Platzieren der virtualen Inhalte geeignet sind. In der ARCore werden diese als *Planes* (*dt.* Ebenen) bezeichnet. Mit *Light Estimation* (*dt.* Lichteinschätzung) werden die Lichtverhältnisse in der Umgebung eingeschätzt und auf die virtuellen Objekte übertragen. Um diese Objekte platzieren zu können, schreiben Experten aus Google, müssen vorher allerdings die sogenannten *Ankerpunkte* (*engl.* anchor) gesetzt werden, die über die gesamte AR-Sitzung getrackt werden können (Burke, 2017; Google, 2018).

4 Anwendungsmöglichkeiten und Praxisbeispiele

Dieses Kapitel stellt Beispiele für den Einsatz der Augmented Reality aus 14 unterschiedlichen Bereichen vor. Dabei wird durch den Einsatz der erweiterten Realität erzeugter Mehrwert sowohl aus Endbenutzer- als auch aus Betreibersichten verdeutlicht.

4.1 Point of Sale

Zwar wachsen die Umsätze im Online-Handel rasant, jedoch beträgt der Online-Handel nach Dr. Gerrit Heinemann Aussage über 10 Prozent des gesamten Handelsvolumens Europas. Das heißt, die absolute Mehrheit der Kaufentscheidungen werden an Verkaufsorten, auch als *Point of Sale* oder kurz *POS* bezeichnet, wie beispielsweise im Einzelhandel getroffen. Dabei werden Kunden häufig durch Produkterlebnisse beeinflusst. Ferner ist es für potenzielle Käufer möglich, an einem POS ein Produkt noch vor dem Kauf anzuschauen und sich so den ersten Eindruck zu verschaffen. Laut Heinemann kann durch Augmented Reality direkt am POS neben der physischen Präsenz und dem sinnlichen Erleben des Produkts ein Erlebnisfaktor eingebaut werden, der die Eigenschaften des Produkts verdeutlicht oder sogar hervorhebt (Heinemann, 2017, pp. 2, 152). Zur Verdeutlichung des Einsatzes der AR am POS wird im Folgendem ein Beispiel verwendet werden.

Der amerikanischer <u>Sportartikelanbieter</u> *Nike Inc.* präsentiert den Einsatz der erweiterten Realität direkt am eigenen POS in Paris. Ein Kunde im Laden erhält die Möglichkeit individualisierte Nike Sportschuhe in Wunschgröße und Design anzuschauen. Dafür muss er einzelne weiße Sportschuh-Modelle in einen Video-Mapping-Device legen und verschiedene Muster und Farben auswählen. Die Auswahl des Designs für das entsprechende Produkt erfolgt über einen Touch-Screen. Ausgesuchtes Design wird dann in Echtzeit mittels einer AR-Technik auf den gewählten Schuh projiziert. Nike-Produkt wird auf diese Weise nach Kundenvorstellungen individualisiert und dem Kunden direkt vor seinen Augen präsentiert. Keith Nelson Jr., ein Journalist der Designtechnica Corporation, schreibt, dass Nike durch den Einsatz der AR eine breite Produktpalette präsentieren kann, ohne dabei über jedes einzelne Modell in gewünschtem Design vor Ort zu verfügen. Auf dem Bildschirm wird nach einer kurzen Inaktivität ein Demo-Modus abgespielt und der Stand kann als modernes Ausstellungselement für den Store dienen (Nelson, 2017). Die Abbildung 21 illustriert das Anwendungsbeispiel von Nike.

Abbildung 21: Reelle Sneaker mit AR-Individualisierungen (VrAndFun, 2017)

Mit derartigen AR-Anwendungen versucht der Sportartikelhersteller, laut Schart und Tschanz, Produktindividualisierung für Kunden interaktiver zu gestalten. Außerdem kann auf diese Weise umfassenden Produktvariationen präsentiert werden. Die Autoren betonen, dass derartige Produktgestaltung mit Live-Vorschau Interesse vorrangig bei der jungen Generation und technisch affinen Personen geweckt werden kann. Ferner erlaubt eine solche AR-Implementierung ihren Nutzern eine umfassende Meinung über das Produkt in seiner möglichen Variationen zu bilden (Schart & Tschanz, 2017, p. 86).

4.2 Online-Shopping mit Einrichtungsservice

Die erweiterte Realität wird nicht nur am Point of Sale eingesetzt. Auch außerhalb von Verkaufsorten können Konsumgüterhersteller dieses Marketingtool im Bereich Online-Shopping verwenden. Der multinationaler Einrichtungskonzern *IKEA* hat diese Technologie bereits 2012 aufgegriffen und setzt diese ein. IKEA gibt jährlich ein Katalog heraus, dass in 33 Sprachen für 48 Märkte übersetzt wird und ein Zielpublikum von 255 Millionen Menschen hat, schreibt Hannah Magnusson auf der IKEA Homepage. Dieser Katalog ermöglicht, neben dem Zugang zu hochwertigem Design, diverse Einrichtungslösungen für das Zielpublikum (Magnusson, 2017).

2012 hat die Firma eine kostenlose Applikation *IKEA Place* auf dem neuen AR-Kit von Apple erstellt, die ständig auf die neuste Version aktualisiert wird. In dem IKEA Unternehmensblog schreibt Andrea Lehnert, ein Communication Specialist Product-PR des Unternehmens, dass IKEA Place Artikeln aus dem Firmenkatalog in einer Wohnung oder einem Haus erscheinen lässt. Diese werden in digitaler Form auf Kamerabilder eines mobilen Geräts dargestellt. Viele Produkte des Möbelhauses können dank der Applikation dreidimensional und maßstabsgetreu dargestellt werden. Lehnert schreibt, dass ein potenzieller Kunde davon profitieren kann, dass er den ersten Eindruck von Größe, Design und Funktionalität eines ausgewählten Möbelstücks bekommt (Lehnert, 2017). Die Abbildung 22 stellt die Anwendung des Großkonzerns dar.

Abbildung 22: Virtuelle Möbelplazierung mit IKEA Place (Lehnert, 2017)

Nach Bogotzek Aussage profitieren Kunden durch den Einsatz von IKEA Place von einer vergleichsweise einfachen Einrichtungsmöglichkeit, die das mühsame Messen und eigene Vorstellungskraft bezüglich künftiger Möbel erübrigt. Maßstabgetreue Darstellung hilft Benutzern sich bei der Planung nicht zu vermessen. Ferner profitieren sowohl die Kundschaft als auch das Einrichtungshaus selbst von der zurückgehenden Retourenquote. Käufer müssen sich seltener über unpassenden Artikeln ärgern, diese anschließend wiederverpacken und an das Einrichtungshaus zurückschicken. Allgemein nennt Bogotzek Kostensenkung wegen sinkender Anzahl an Retouren als ein großer Mehrwert für AR-Betreiber. Andererseits warnt der Autor vor hohen Entwicklungskosten für eine AR-Anwendung bei einem unklaren Gewinn (Bogotzek, 2016). 2017 interviewte Ingrid Lunden den Leader Digital Transformation von IKEA, Michael Valdsgaard, bezüglich IKEA Place. Valdsgaard war von der AR-Technologie überzeugt und äußerte sich diesbezüglich wie folgt: "AR will change the furniture business for sure" (Lunden, 2017).

4.3 Mobile Marketingkampagnen

Im Zeitalter der Informationsüberflutung reichen für manche Unternehmen traditionelle Marketingmethoden oft nicht aus, um Kundenaufmerksamkeit auf eigene Produkte zu ziehen (siehe Unterkapitel 1.1). Ein Smartphone ist zu einem alltäglichen Begleiter einer großen Anzahl an Menschen geworden. Laut Schart und Tschanz nutzen manche Firmen das als eine Chance für eigene Werbekampagnen mit der Erwartung auch mobil potenzielle Kunden zu erreichen. Diese Firmen koppeln beispielsweise AR als innovative Werbetechnologie mit dem „untrennbaren Begleiter" unserer Öffentlichkeit zusammen und kreieren dadurch mobile Marketingkampagnen (Schart & Tschanz, 2017, pp. 84–87). Dieser Sachverhalt wird nachfolgend an einem Beispiel einer mobilen Marketingkampagne der Firma L'Oréal S.A. verdeutlicht.

Laut Forbes ist *L'Oréal S.A.* einer der größten Kosmetikhersteller der Welt (Forbes, 2017c). Im Jahr 2014 stellte der Konzern die mobile Anwendung *Make Up Genius* vor. Die Applikation dient als Make-up Entscheidungshelfer und virtueller Simulator, der Schönheitsprodukte von L'Oréal auf dem virtuellen Abbild des Gesichts des Nutzers projiziert. Die Face-Tracking Technologie sorgt dafür, dass die virtuell aufgetragene Kosmetik der Mimik und Bewegungen des Gesichts angepasst wird. User können Make Up Genius als virtuelle Spiegel nutzen und diverse Looks durch Sharing-Funktion mit anderen Nutzer in sozialen Netzwerken zu teilen. Ferner besteht die Möglichkeit ein Foto von sich mit virtuellem Make-up aufzunehmen (L'Oréal, 2017). Die Abbildung 23 stellt ein Anwendungsbeispiel der App von L'Oréal dar.

Abbildung 23: Make Up Genius - virtuelle Spiegel von L'Oréal (links: ungeschminkt und rechts: geschminkt) (L'Oréal, 2017)

L'Oréal bietet mit Augmented Reality eine zusätzliche Möglichkeit an, Kunden noch vor dem Kauf ein ausgewähltes Produkt auch mehrmals orts- und zeitunabhängig auszuprobieren. Diese schnelle und kostenlose Probe der Beautyprodukte erfolgt ohne dabei Kosmetik mehrfach auf eigene Haut auftragen zu müssen. Ein einfacher Bestellvorgang durch die Shop-Anbindung begünstigt die Kaufbereitschaft der Zielgruppe zusätzlich. Laut einem Bericht von L'Oréal auf ihrer Homepage, ist der Kosmetikhersteller mit dem Service zufrieden, der sie mit der AR-App ihren Kunden bereitstellen können (L'Oréal, 2017).

4.4 Bildung

Laut David Squires, einem Assistenzprofessor an der Texas A&M University, gehören Mobile Technologien zu den sich schnell entwickelnden Kommunikationswerkzeugen in der Geschichte der Menschheit. Heute, vielleicht mehr denn je, stellt sich eine der größten Fragen, denen Pädagogen und Ausbilder gegenüberstehen, wie man Lernende im digitalen Zeitalter mit der rasanten Entwicklung der mobilen Technologie vertraut macht. Aktuelle Forschungsergebnisse zeigen, dass mobile Lernanwendungen auf Basis Augmented Reality einerseits visuelles räumliches Gedächtnis des Lernenden verbessern und gleichzeitig ihm mit angepassten systematischen Lerninhalten versorgen (Squires, 2017).

In seiner Arbeit betont Squires, dass AR-Lernanwendungen einen wesentlichen Einfluss auf das Engagement und die Motivation der Schüler und Lehrlinge haben. Mit pädagogisch verbesserten Unterstützungssystemen erhöhen AR-fähige Unterrichtsstunden kognitive Fähigkeiten der Lernenden, reagieren auf ihre Verhaltensanforderungen und beeinflussen insgesamt das Arbeitsgedächtnis der Lernenden positiv. Laut David Squires gibt es zahlreiche Forschungsergebnisse, die zeigen, dass Augmented-Reality-Anwendungen einen einzigartigen vorteilhaften Lernkontext im Vergleich zu herkömmlichen Computerlaboren bieten, da Inhalte der mobilen Anwendungen jederzeit und überall im Vergleich zu traditionellen elektronischen Lernmethoden freigeschaltet werden können (Squires, 2017).

Die Idee mobile AR-Inhalte in den Unterricht zu integrieren, um den Schülern den Zugriff auf diese Inhalte zu jeder Zeit und an jedem Ort zu ermöglichen, entwickelt sich zu einem aufkommenden Trend und ist für einige Pädagogen zu einem hilfreichen Werkzeug geworden. Darüber hinaus unterstützt die Funktionalität des mobilen AR-Lerninstruments die schnelle Übertragbarkeit von Feedback, Wissen und adaptiven Inhalten in der Lernumgebung. Augmented Reality Lernanwendungen transferieren digitale Inhalte aus dem Internet. Sie blenden virtuelle Inhalte, Lernartefakte, digitale Räume und digitale Objekte auf das Kameraabbild des verwendeten Geräts (Squires, 2017).

Das Technologiepotential der AR in der Bildung wird heutzutage von vielen Schuleinrichtungen noch nicht ausgeschöpft bzw. nicht umgesetzt. Es gibt aber schon einige Pioniere auf diesem Gebiet. Dazu gehört unter anderem das *Google Expeditions AR-Projekt*, das sich momentan in der Entwicklung befindet (Google Expeditions, 2017). Das Projekt hatte Google im Februar 2017 auf der Bildungsmesse *Didacta* präsentiert. Die Verwendung der Applikation von Google ermöglicht es den Schülern und Schülerinnen, Dinge zu sehen, die sie vorher nur mit Hilfe der Bücher bzw. über zweidimensionale Grafiken gesehen haben. Nach einer Probephase, an der 50 Bildungseinrichtungen teilnahmen, haben alle Lehrer und Klassen die Möglichkeit sich kostenlos für das Programm <u>anzumelden</u>. Google unterstützt alle beteiligten Bildungseinrichtungen außerdem mit Fachexperten auf diesem Gebiet, die sogenannten Expeditions-Trainer, die Tablets, Smartphones und *Google Cardboards*, die eine Halterung für Smartphones aus Karton darstellen, in den Unterricht mitbringen (siehe Abbildung 24). Laut Immersive Learning, einem Online Magazine für AR, VR und MR Learning, nutzt das Pioneer-Programm Google Tango-Technologie, um den physischen Raum effektiv zu scannen, abzubilden und 3D-Modelle präzise zu projizieren. Die Positionsverfolgung ermöglicht es den Schülern um die Objekte herumzulaufen und sie aus jedem beliebigen Blickwinkel zu betrachten (Immersive Learning, 2017).

Abbildung 24: Einblendung den Zusatzlerninhalten mit Google Expeditions (Stein, 2017)

Laut Kyle Melnick wird die Implementierung der AR-Technologie in die Lernwelt den Lehrern ermöglichen ihre Schüler stärker einzubeziehen, indem sie Schülern ein virtuelles Objekt nicht nur aus allen Blickwinkeln betrachten, sondern mit ihm auch interagieren können. Des Weiteren können Schüler und Auszubildende ihre Erfahrungen miteinander teilen. Das AR-Projekt gibt den Lehrlingen die Möglichkeit sich um das immersive Objekt zu versammeln und somit das Gemeinschaftsgefühl und den Team-Learning Prozess zu stärken. Dreidimensionale visuelle und interaktive Objekte stimulieren eine bessere Wiedererkennungsfähigkeit im Vergleich zu statischen zweidimensionalen Inhalten der Printmedien. Diese Bildungsstrategie erhöht die Lernmotivation, komplexe Inhalte können spielerisch erklärt werden und prägen sich besser in Langzeitgedächtnis ein (Melnick, 2017).

4.5 Medizin

Der berühmte Pionier auf dem AR-Gebiet, Ronald Azuma, hat bereits 1997 erkannt, dass eines der wichtigsten Anwendungsfelder der Augmented Reality medizinische Operationen sind. Kein anderer Einsatzbereich verlangt so viel Fingerspitzengefühl und exakte Erfüllung der Aufgaben wie ein medizinischer Eingriff. Gerade bei minimal-invasiver Chirurgie werden diese Fähigkeiten vom medizinischen Personal verlangt. Durch Einblendung der augmentierten Inhalte könnte AR solche komplexe Aufgabe den Ärzten erleichtern. In seiner Arbeit "A Survey of Augmented Reality" schreibt Azuma: "A problem with minimally invasive techniques is that they reduce the doctor's ability to see inside the patient, making surgery more difficult. AR technology could provide an internal view without the need for larger incisions. AR might also be helpful for general medical visualization tasks in the surgical room." (Azuma, 1997, p. 357).

Nachfolgend werden Einsatzmöglichkeiten der AR in der Chirurgie beschrieben. Zusätzlich zu medizinischen Operationen in der Chirurgie kann AR in der Medizin auch in anderen Bereichen eingesetzt werden.

Laut Vávra et al., Fachmitarbeiter an medizinischen und informationstechnischen Fakultäten, besteht der Hauptvorteil von AR in Chirurgie darin, dass ein Chirurg nicht gezwungen ist, von der Operationsstelle wegzusehen, um beispielsweise einen Blick auf einen Überwachungsmonitor zu werfen, im Gegensatz zu herkömmlichen Visualisierungstechniken. Neueste Entwicklungen in der medizinischen Bildgebungstechnologie konzentrieren sich auf die Erfassung von Echtzeitinformationen und Datenvisualisierung. Hohe Verfügbarkeit von Echtzeitdaten wird immer wichtiger, da ihre Verwendung Diagnose und Behandlung der Patienten oft schneller und zuverlässiger macht. Dies gilt insbesondere für die Chirurgie, bei der der Echtzeitzugriff auf 2D- oder 3D-rekonstruierten Bildern während einer laufenden Operation entscheidend sein kann. Ein Augmented-Reality-

System versorgt Chirurgen, laut Vávra et al., in Echtzeit mit computergestützten, abgekürzt durch CG, Bilddaten über dedizierte Hardware und Software. Die Projektion von AR auf den Körper des Patients wird durch die Verwendung von Displays, Projektoren, Kameras, Trackern oder anderen Spezialgeräten ermöglicht, wie es auf der Abbildung 25 illustriert wird (Vávra et al., 2017).

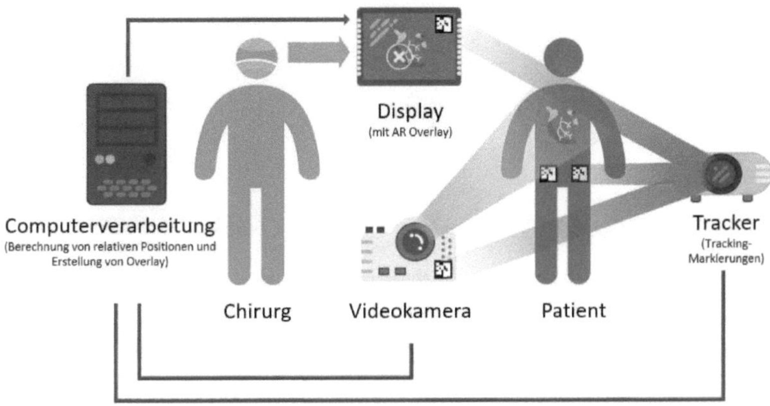

Abbildung 25: Schematische Darstellung der Funktionsweise der AR in der Chirurgie (in Anlehnung an: Vávra et al., 2017)

Eine andere Möglichkeit des AR-Einsatzes wird von Watanabe et al. beschrieben. Dabei werden ein spezielles HMD oder eine Datenbrille verwendet. Diese verfügen über spezielle Projektoren, Head-Tracking- und Tiefenkameras, um CG-Bilder auf der Datenbrille darzustellen und so die Illusion einer erweiterten Realität zu erzeugen. Die Verwendung einer HMD oder Datenbrille ist, laut Autoren, vorteilhaft, da die Sichtweise des Chirurgen im Vergleich zu einer herkömmlichen Anzeige kaum behindert wird. Es ist nicht notwendig, das Display zu bewegen, da dieses immer im Blickfeld des Chirurgen bleibt (Watanabe et al., 2016).

Eines der erfolgreichsten Beispiele auf diesem Gebiet führt ein Anbieter für Gesundheitstechnologie *Royal Philips* vor. Auf Philips News Center annoncieren am 12. Januar 2017 Steve Klink und Fabienne van der Feer eine neue Entwicklung des Unternehmens für die Navigationstechnologie bei minimal invasiven Eingriffen an der Wirbelsäule. Mit Hilfe optischer Trackingsysteme werden Informationen der operierten Person sowie die Aufnahmen ihres Körpers an den Monitor während der Operation in Echtzeit geliefert, die den Ärzten zeigen, wo sie exakt eingreifen müssen, um das beste Resultat zu erzielen. Ronald Tabaksblat – Geschäftsführer im Bereich bildgebende Therapiesysteme bei Philips hat sich bezüglich dieser Technologie geäußert: „This unique augmented-reality technology is an example of how we expand our capabilities with innovative solutions in growth areas such as spine, neuro and trauma surgery," (Klink & Feer, 2017). Die Abbildung 26 präsentiert die Entwicklung von Philips.

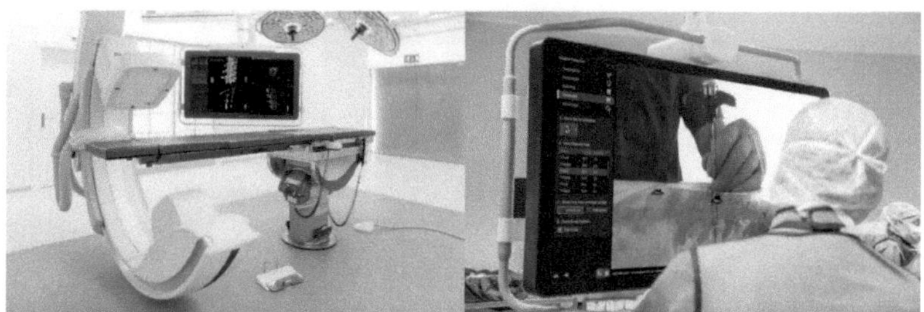

Abbildung 26: AR - chirurgische Navigationstechnologie von Royal Philips (Klink & Feer, 2017)

Laut Vávra et al., ist AR besonders nützlich bei der Visualisierung von essentiellen Körpersubstanzen wie z.B. großen Gefäßen, Nerven oder anderen lebenswichtigen Geweben. Indem AR diese Strukturen direkt auf den Patienten projiziert, erhöht diese Technologie Sicherheit und reduziert den Zeitaufwand für den Abschluss des Verfahrens. Darüber hinaus ist die Verwendung der Spracherkennung bei AR-Geräten möglich. Die Sprachbefehle ermöglichen eine freihändige Steuerung des Geräts. Besonders in der Chirurgie, schreiben die Autoren, erlaubt diese AR-Implementierung Chirurgen in kritischen Situationen eine unterbrechungsfreie Arbeit zu erbringen (Vávra et al., 2017).

Des Weiteren erweist sich Augmented Reality, nach Lahanas et al., als ein effektives Werkzeug für die Ausbildung und Fähigkeitsbeurteilung von Junior Chirurgen, anderen medizinischen Mitarbeitern oder Studenten (Lahanas et al., 2015). Laut Profeta et al. können spezialisierten Trainingssimulatoren erstellt und verwendet werden, um Fähigkeiten in der Chirurgie bei verschiedenen Szenarien zu verbessern, sowie ihre technischen Fähigkeiten objektiv beurteilen zu können. Dies wird insbesondere für Praktikanten und Studenten von Vorteil sein, wenn es darum geht, Intuition und richtige Entscheidungsfähigkeiten zu entwickeln, die sonst nur durch lange klinische Praxis erreicht werden können. AR-Technologie ermöglicht außerdem die Simulation sehr unwahrscheinlicher Szenarien, die mit Hilfe eines erfahrenen Chirurgen gelöst werden können (Profeta et al., 2016). Barsom et al. betonen die Bedeutung der AR-Technologie für angehenden Ärzten, da diese „allows trainees to understand the spatial relationships and concepts, and it provides substantial, contextual and situated learning experiences." (Barsom et al., 2016, p. 4180).

Trotz der beschriebenen Vorteile bringen aktuelle AR-Systeme, laut Vávra et al., manche Schwierigkeiten mit sich, die in der Zukunft gelöst werden müssen. Dazu zählen solche Aspekte wie Latenz bei der Berechnung 2D- und 3D-Bilder, Verdeckung wichtiger Objekte durch eine Überlappung mehrerer Elemente, die während einer Operation miteingescannt werden. Autoren betonen, dass bei einem solchen System eine Informationstrennung erfolgen muss, um Chirurgen nicht mit der Flut unnötiger Informationen zu überlasten. Aktuell eingesetzte HMDs erzeugen in der Regel zu viel Hitze während der Arbeit, was den Tragekomfort in Grenzen hält. Zusätzlich müssen solche Problemen wie Kinetose, also körperliche Reaktionen wie Schwindel und Übelkeit durch ungewohnte Bewegungen, beim Tragen eines HMD bzw. einer Datenbrille gelöst werden (Vávra et al., 2017).

Vávra et al. untersuchten mehrerer Studien, die nahelegen, dass AR-Systeme mit herkömmlichen Navigationstechniken vergleichbar sind, sie bieten Präzision und Sicherheit, die für die klinischen Routineaufgeben ausreichend sind. Die meisten aktuellen Probleme der AR-Technologie in der Chirurgie werden durch weitere medizinische und technologische Forschung gelöst. Für Vávra et al. scheint Augmented Reality ein mächtiges Werkzeug zu sein, das möglicherweise die Chirurgie durch eine rationale Nutzung revolutionieren kann. In Zukunft werden AR-Implementierungen von Autoren erwartet, die als fortschrittliche Mensch-Computer-Schnittstellen dienen. Diese werden in der Kooperation mit Chirurgen die Erzielung noch besserer Ergebnisse ermöglichen. Nichtsdestotrotz sind weitere Fortschritte notwendig, um das maximale Potential und die Kosteneffektivität von Augmented Reality zu erreichen (Vávra et al., 2017).

4.6 Einsatz in der Industrie

Laut Palmarini et al., sind Augmented Reality-Technologien zur Unterstützung von Wartungsarbeiten in der Industrie ein akademisches Forschungsthema seit etwa 50 Jahren. In den letzten zehn Jahren wurden große Fortschritte auf diesem Gebiet erzielt und die AR-Technologie nähert sich dem industriellen Durchbruch. Mit Wartung bzw. Instandhaltung sind alle Maßnahmen gemeint, die darauf abzielen, die Funktionalität eines Produkts innerhalb seines Lebenszyklus wiederherzustellen. Die Autoren schreiben, dass Studien auf dem Gebiet AR-Instandhaltung vielversprechende Ergebnisse zeigen. Diese Ergebnisse beziehen sich auf die Verbesserung der menschlichen Leistungen bei der Verwaltung und Durchführung technischer Instandhaltungsaufgaben sowie auf die Unterstützung der Entscheidungsfindung während der Instandhaltung. Trotz der erwähnten wissenschaftlichen Forschungsarbeiten bezüglich der AR-Technologien, die seit mehr als einem halben Jahrhundert existieren, gibt es immer noch begrenzte Beispiele für konkrete Umsetzungen in der Industrie (Palmarini et al., 2017).

Um sich ein besseres Verständnis auf diesem Gebiet zu verschaffen, ist es in erster Linie sinnvoll, sich mit den aktuell bestehenden AR-Anwendungsfeldern der Instandhaltungsprozesse auseinanderzusetzen. Dazu wurden in dieser Arbeit mehrere thematische Forschungsarbeiten und dazugehörige wissenschaftlichen Artikeln analysiert. Die Untersuchung dieser Quellen ergab zusammengefasst als Resultat grobe prozentuale Angabe der Verteilung der AR-Anwendungsgebiete bezüglich Instandhaltung und Wartungsprozessen (siehe Abbildung 27).

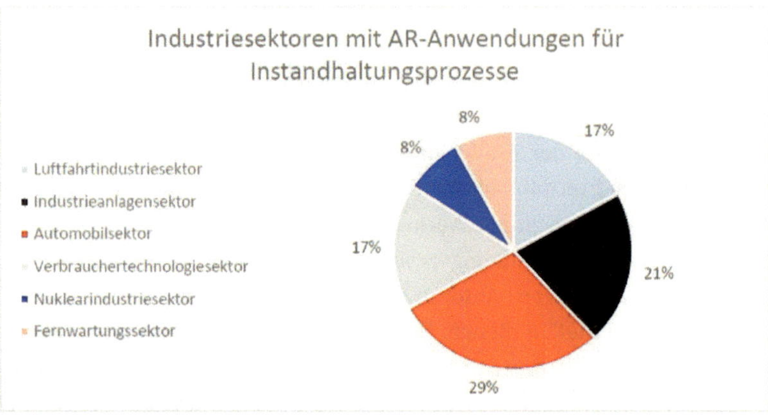

Abbildung 27: Prozentuelle Aufteilung der AR-Anwendungen für Wartungsprozesse auf Industriesektoren (in Anlahnung an: Palmarini, Ahmet, Roy, & Torabmostaedi, 2017)

Neben der wissenschaftlichen Publikation von Riccardo Palmarini und seinen Kollegen (Palmarini et al., 2017), kamen Dini und Mura in ihrer Arbeit (Dini & Mura, 2015) sowie Harvard Business Review (Harvard Business Review, 2017) auf eine vergleichbare Ergebnis. Alle Publikationen kommen zu dem Ergebnis, dass Luftfahrt-, Industrieanlagen- und Automobilsektoren größte Interessengebiete für AR in der Wartung repräsentieren. Der größte Teil des Diagramms wird also vom mechanischen Feld übernommen. Laut Autoren könnte es durch die Tatsache gerechtfertigt werden, dass Automobil-, Eisenbahn-, und Militärindustrie einige allgemeinen mechanischen Wartungsfelder einschließen, die vom Autoren nicht klassifiziert und spezifiziert wurden.

Das starke Interesse der Luftfahrtindustrie, als einer der wichtigsten Industriesektoren, an AR-Technologien wird durch mehrere Ursachen begünstigt. Lori Brown, ein Mitglied der Royal Aeronautical Society sowie Lehrbeauftragte und Forscher an der Western Michigan University, erwähnt, dass tragbare AR-Technologien Flugtraining durch innovativen Methoden verändern können. Diese Technologien steigern Engagement und Bindung der Lehrlinge, indem Sie 3D-Modelle, Videos und interaktive holographische Inhalte auf Ihre aktuellen Schulungsmaterialien übertragen. Laut Brown werden somit die erforderliche Verbesserung der Sicherheit angestrebt und die Auswirkungen menschlicher Fehler während Instandhaltungsarbeiten reduziert. Der Einsatz von AR-Technologien in der Luftfahrtindustrie schafft immersive Erfahrungen, die Piloten bei dem Ausbau ihrer Fähigkeiten verhelfen. Lori Brown schreibt, dass eine solche realitätsnahe AR-Übung Lücken zwischen Simulation und Unterricht schließt und somit effektiver und effizienter neue Generation von Piloten auf ihren Einsätze vorbereitet (Lori Brown, 2017). Noch im Jahr 2005 glaubten Haritos und Macchiarella, dass traditionelle Trainingsmethoden nicht auf die aktuelle Technologie in Flugzeugen anwendbar seien. Die Fähigkeiten, die für das Arbeiten mit den aktuellen komplexen Systemen und der Avionik erforderlich sind, müssen von AR unterstützt werden (Haritos & Macchiarella, 2005).

Eine der prominententesten Beispiele für den Einsatz der AR in der Luftfahrtfahrtindustrie ist neben der Wartungsunterstützung die Pilotenassistenz bei der Bedienung und Navigation eines Flugzeuges. So greift *AERO GLASS* durch diverse Einblendungen Piloten mehrfach unter die Arme. Der Beistand beginnt bereits im Cockpit vor dem Start. Die Anwendung zeigt die Bedeutung einzelner Bedienelementen an, wodurch besonders die Lernphase jeden angehenden Piloten erleichtert wird. In der Luft werden neben der Navigation auch solche Informationen wie beispielsweise Wetter, naheliegender Flugverkehr, Oberflächengestalt, Sicherheitsvorkehrungen, etc. eingeblendet (Aero Glass, 2017). Die Abbildung 28 illustriert den geschilderten Sachverhalt.

Abbildung 28: AR-Einblendungen zu Steuerung (links) sowie zu Navigation (rechts) während des Flugs (Gupta, 2014)

Laut Harvard Business Review „A Manager's Guide to Augmented Reality", die Ende 2017 veröffentlicht wurde, können Benutzer bezüglich Wartungseinsätzen in Industrieumgebungen kontextbezogene Einblendungen in Abhängigkeit zu ihren Aufgaben erhalten. Zwei User in unterschiedlichen Rollen, wie zum Beispiel ein Maschinenbediener und ein Wartungstechniker, erhalten bei der Betrachtung desselben Objekts unterschiedliche AR-Sichten, die auf ihre Bedürfnisse zugeschnitten sind (Harvard Business Review, 2017).

Ein Beispiel für eine industrielle Fernwartung führt einer der weltweit größten Unternehmen im Bereich Elektrotechnik und Elektronik – *Siemens Aktiengesellschaft* vor. In dem Online-Magazin von Siemens schreibt Niels Anner, ein Korrespondent des Unternehmens, dass AR für Siemens virtuelle Brücken zur Kooperation zwischen Siemensexperten und Servicetechniker darstellt. Entfernung von Tausenden Kilometern stellen für den Experten kein Hindernis dar. Zur gleichen Zeit mit dem Servicetechniker erkennt der Experte an seinem Monitor die entsprechende Problemstelle, bei der Reparaturarbeiten notwendig sind. Er kann dem Techniker seine Unterstützung und Fachwissen in Echtzeit anbieten. Im Sichtfeld auf Monitor der Smartglasses, das der Techniker trägt, werden Gesten und Finger des Fachmanns hineinprojiziert (Anner, 2017). Die Abbildung 29 stellt die Fernreparatur der Siemens Mitarbeiter durch AR-Kooperation vor.

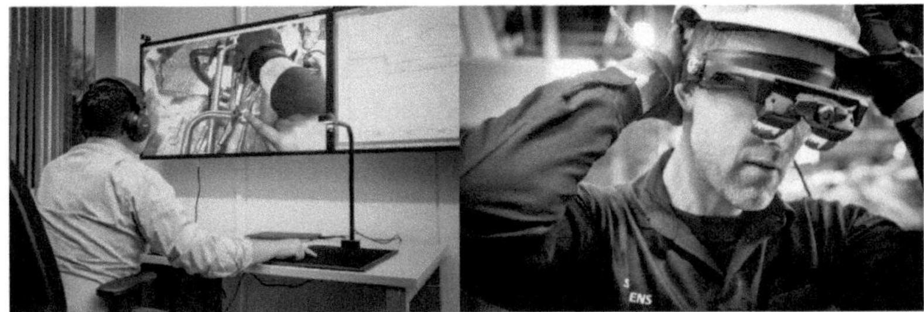

Abbildung 29: Wartung und Reparatur bei Siemens dank Augmented Reality (Burell, 2017)

Des Weiteren betonnt Anner, dass durch den Einsatz der Augmented Reality bei Siemens sichergestellt wird, dass Kontaktarbeiten mit den komplexen Bestandteilen der Wartungsarbeiten unverzüglich ausgeführt werden können. Dadurch können durch schnelle und qualifizierte Unterstützung Stillstand- und Ausfallzeiten in der Produktion reduziert werden, was zur exponentiellen Kostenverluste führen kann. Siemens sichert einen gezielten und rechtzeitigen Einsatz der Experten und kann somit direkte Qualitätskontrolle gewährleisten (Anner, 2017).

Laut Huck-Fries et al. ermöglicht der Einsatz von AR-Brillen, zusätzlich zu Hilfseinblendungen, eine freihändige Bedienung durch Sprach- und Gestensteuerung, wodurch die Arbeit zusätzlich beschleunigt wird. Allgemein zählen, laut Autoren, solche Faktoren wie Effektivitäts-, Effizienz- und Qualitätssteigerung bei der nachhaltigen Kostensenkung zu den ausschlaggebenden Zielen, die Unternehmen mit dem Einsatz dieser Technik zu erreichen versuchen. Die aufgezählten Vorteile bewegen die absolute Mehrheit der Firmen im Wartungszweig innerhalb der nächsten fünf Jahren Datenbrille einzuführen (Huck-Fries et al., 2017).

Bei anderen Industriesektoren ähnelt die Funktionsweise der AR den bereits geschilderten Beispielen, deswegen wird in dieser Arbeit nicht auf jedes einzelne Anwendungsfeld eingegangen.

4.7 Messen

In ihrem Buch schreiben Dirk Schart und Nathaly Tschanz, dass die Informationsflut auf den Messen von vielen Besuchern meistens als zu überwältigend empfunden wird, um für sich interessante und spannende Messestände aufzusuchen, sich nur mit relevanten Informationen zu versorgen und dabei unnötige Rundgänge durch Messehallen zu vermeiden. Aus Gründen der Platzmangel sind Aussteller oft nicht in der Lage das gesamte Produktsortiment zu präsentieren. Außerdem können sie den Besuchern oft nicht einen Blick ins Innere von Produkten verschaffen. Laut den Autoren, die bereits mehreren Jahren sich mit AR beschäftigen und ihre Masterarbeiten darüber verfasst haben, kann die fehlende Visualisierung auf den Messen mit Augmented Reality ermöglicht werden. So können auch Aussteller mit einem kleineren Messestand die Aufmerksamkeit des Publikums trotz Konkurrenzkampf erreichen. Autoren schreiben, dass die innovativen Ausstellungsauftritte hilfreich sind, um in dem Besucherdrang auf den Messen das Interesse der Zielgruppe zu wecken. Die Anwendungsmöglichkeiten der AR auf den Messen sind vielfältig (Schart & Tschanz, 2017, pp. 93–95).

Ein Beispiel auf diesem Gebiet führt *Bayerische Motoren Werke Aktiengesellschaft*, abgekürzt *BMW AG*, vor. Mit der *„Augmented Reality Product-Visualiser"* Applikation präsentierte der Konzern 2017 auf einer Messe in München ihre BMW i-Modelle. Im Rahmen des Pilotprojekts hat BMW als erste Automobilmarke ihren Kunden ein interaktives 3D AR-Erlebnis angeboten und nutzt als erster Autohersteller AR für den Autohandel. Dank *Tango*, Googles Augmented-Reality-Technologie für Smartphones, können Messebesucher ausgewählte BMW i-Modelle als eine interaktive Visualisierung in Originalgröße mit AR Product Visualiser-App erkunden. Auf der BMW PressClub Homepage schreibt Emma Begley, dass die potenziellen Kunden vom BMW nicht nur ein Produkt untersuchen können, sondern ein BMW-Modell nach ihren Wünschen und Vorstellungen konfigurieren können, indem sie auf dem virtuellen Objekt Design und Farben auswählen (Begley, 2017).

Des Weiteren schreibt Begley, dass die Tango Technologie von Google den Kontext des Raums versteht und den Besuchern ein realistisches Erlebnis vermittelt. Sie bekommen das Gefühl, dass das entsprechende Automodell sich wirklich im Raum befindet. Nach dem erfolgreichen Abschluss der Pilotphase wurde geplant, die Applikation auf der Google Play Plattform anzubieten, damit alle Interessierten mit Tango-fähigen Devices an jedem Ort und zu jeder Zeit die Applikation herunterladen können (Begley, 2017). „Unser Ziel ist es, jedes Auto per Augmented Reality zum Händler zu bringen", sagt Albert Biermann stellvertretender Leiter der Entwicklungsabteilung für BMW Automobile (Fasse, 2017). Die Abbildung 30 stellt die Anwendung der Applikation von BMW dar.

Abbildung 30: BMW i Augmented Reality Visualiser App (Begley, 2017)

Neben den einzelnen Ausstellern bietet sich die Möglichkeit, die gesamte Messegelände zu augmentieren. Einer der neusten Beispiele dieser Größenordnung ist eins der bekanntesten und größten Messen- und Kongresszentren in Finnland *Messukeskus Helsinki*. Auf der Homepage von Messukeskus schreibt Tarja Gordienko, dass das Messezentrum im Laufe eines Jahres eine ganze Reihe von digitalen Dienstleistungen für seine Kunden eingeführt hat. Messukeskus ist der erste Kongressveranstalter in Finnland, der Augmented Reality in seine Räumlichkeiten brachte. Das AR-Projekt *„Immersal Messukeskus"* bietet den Kunden, laut Gordienko, vielfältige Möglichkeiten für eine breitere Sichtbarkeit. Diese neue Technologie verwischt die Grenze zwischen dem, was real ist, und dem, was computergeneriert wird. Augmented Reality fügt Grafiken und Objekte in die natürliche Welt hinzu und verändert, laut Gordienko, die Art und Weise wie der Kongressort von seinen Besuchern wahrgenommen wird (Gordienko, 2017).

Laut dem Nachrichtenbericht von Gordienko, wurde der neue AR-Service Immersal Messukeskus im Jahr 2017 gestartet. Den Besuchern wird eine breite Palette an Dienstleistungen angeboten. AR kann Besuchern helfen, die gewünschten Stellen auf der Messe zu finden, die sie am meisten interessieren, sei es ein interessanter Stand, ein Lieblingsrestaurant, eine Präsentationsveranstaltung oder ein Kollege, der an dem Kongress teilnimmt. AR fügt der Veranstaltung einen Überraschungseffekt mit zusätzlichen Inhalten und Unterhaltung hinzu. AR umfasst eine Vielzahl von Elementen wie virtuelle Poster, Animation, Spiele, Interaktivität oder Besucheranleitung (Gordienko, 2017). Die Abbildung 31 visualisiert ein Anwendungsbeispiel der Immersal Messukeskus-Applikation.

Abbildung 31: Anwendungsbeispiel der Immersal Messukeskus App (Google Play, 2017)

Laut Schart und Tschanz wird durch diese digitale Einrichtungsumwandlung dem Publikum neben zahlreichen Informationen auch Entertainment angeboten, das den Besuchern eine neue Ebene der Unterhaltung und <u>Amüsement</u> darstellt. Dadurch wird die Gesellschaft für diese kulturelle und innovative Art der Unterhaltung stärker angelockt. Spielerische Erkenntnisse können bei der Ausstellung genutzt werden, um Besucher zu begeistern. Für Kongressveranstalter eröffnet AR ebenfalls neue Perspektive der Aufmerksamkeitsgenerierung (Schart & Tschanz, 2017, pp. 93–95).

4.8 Museen

Seit Jahren kämpfen Museen mit einer relativ geringen Besucheranzahl. Laut einer Statistik von *Statista*, einem deutschen Online-Portal für Statistik für Markt- und Meinungsforschung, gab es im Jahr 2017 rund 2,31 Millionen Personen der deutschsprachigen Bevölkerung ab 14 Jahren, die regelmäßig Museen, Galerien oder Kunstausstellungen besucht haben. 29,34 Millionen besuchen die Kultureinrichtungen gelegentlich und 38,45 Millionen Menschen besuchen diese nie (Statista, 2017b).

In ihrem Buch schreiben Schart und Tschanz, dass der Großteil der jungen Generation sich nur selten für jegliche Kunstveranstaltungen und Museen interessiert, da diese die Jugendlichen nicht interaktiv beschäftigen. Um Zusatzinformationen über die Ausstellungsobjekte zu bekommen, sind Besucher oft auf Museumsführer angewiesen, die in meisten Fällen extra bezahlt werden sollen. Mittlerweile haben schon einige Kulturtourismusorganisationen Technologien des 21 Jahrhunderts eingesetzt, um das Publikum anzulocken und Besuchererfahrung zu steigern (Schart & Tschanz, 2017, pp. 93–97). In ihrem Paper „Augmented Reality in Museums" zitiert Mandy Ding einen Filmproduzenten und Lehrbeauftragten an der School of the Art Institute of Chicago, Geoffrey Alan Rhodes: "AR is an attractive medium for use in museums because digital databases challenge existing archives with obsolescence, and the ever-growing tide of digital information can be reconciled with traditional, physical databases through the promise of AR" (Ding, 2017, p. 1).

Laut Mandy Ding bietet der Einsatz von AR für Museen diverse Vorteile. Die Technologie ermöglicht es Inhalte wie Grafiken, Animationen und Videos in reale Umgebungen zu überlagern, was Museen die Möglichkeit bietet, Exponate zum Leben zu erwecken (Ding, 2017). Laut David Whitemyer, einem Autor bei der American Alliance of Museums, werden VR und AR immer häufiger in die Kultureinrichtungen eingesetzt, trotz der Tatsache, dass diese beiden Technologien für die meisten Museen jedoch, sowohl aus Kosten- als auch aus technischer Sicht, immer noch weit von der Reichweite entfernt zu sein scheinen (Whitemyer, 2017).

Mandy Ding schreibt in ihrer Arbeit, dass bei einem Großteil der Museen mit mehr als 50.000 Besuchern bereits neue mobile Technologien eingesetzt werden. Die meisten Museumsbesucher geben an, dass sie keine Schwierigkeiten bei der Bedienung der AR-Apps auf mobilen Geräten haben. Unsere Gesellschaft ist es schon gewohnt, ihr Smartphone und andere mobile Geräte zum Fotografieren bereitzuhalten. Autorin betont, dass das Scannen eines AR-Objekts mit einem mobilen Gerät leicht in das Museumserlebnis implementiert werden kann. Die Hauptvorteile der AR-Apps sowohl für Ausstellungsanbieter als auch ihre Besucher sind folgende: AR-Applikationen bieten eine Bühne für endlose Informationsebenen, ein mächtiges Werkzeug für Engagement und kreatives Instrument für Bildung (Ding, 2017).

Einer der bekanntesten AR-Apps, die von Kunstmuseen entworfen wurde, ist die *ArtLens 2.0* des Cleveland Museum of Art. ArtLens 2.0 ist eine erweiterte Version von ArtLens, die im Jahr 2013 entwickelt und präsentiert wurde. ArtLens 2.0 wurde im Sommer 2016 nach einer sechsmonatigen Test- und Implementierungsphase gestartet und ist sowohl für Android als auch für iOS verfügbar. Die AR-Applikation von Cleveland Museum of Art verwendet Bilderkennungssoftware, um zweidimensionale Kunstwerken zu erkennen und zusätzliche Informationen gemäß Besucherpräferenzen anzubieten. Der Rundgang durch Ausstellungsräume des Museums wird mittels ArtLens-App interaktiv gestaltet. Das Zielpublikum erhält digitale Inhalte in Form von Erklärungen und Videos. Auf diese Weise wird die Wissensaneignung der Museumsbesucher bezüglich der Kunstwerke gefördert (Cleveland Museum of Art, 2017). Auf der Abbildung 32 wird die ArtLens-App in der Anwendung präsentiert.

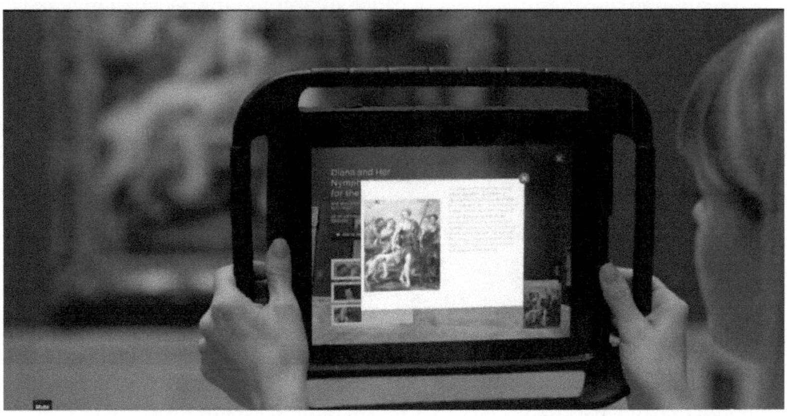

Abbildung 32: ArtLens-App des Cleveland Museum of Arts in der Verwendung (Machado, 2014)

Mandy Ding betont, dass der Einsatz von AR die Exponate von Ausstellungen und Museen auf eine neue Ebene hebt und mehr Besucher anlockt. Zuschauer können ein Ausstellungsstück anders erleben, mehr Informationen über dieses gewinnen und sich dabei interaktiv beschäftigen. Laut Jane Alexander, Chief Information Officer von Cleveland Museum of Art, die von Mandy Ding interviewt wurde, dienen mobile Applikationen auf AR-Basis als personalisierter mobiler Führer. Diese sind dank Beacons (siehe Unterkapitel 3.2.2) in der Lage, Besucher durch eine Museumssammlung oder Galerieräume zu führen, ohne dabei auf Museumpersonal angewiesen zu sein. In ihrem Interview sagte Jane Alexander, dass ihr Museum dank mobiler AR-App ergänzende Informationen zu einer Ausstellung oder dem Museum selbst bereitstellen kann (Ding, 2017). Durch immersive Effekte der erweiterten AR-Objekten empfinden einige Besucher, laut Jennifer Billock, das Gefühl, dass die virtuellen Objekte in der Realität existieren, die sie aber nur durch ein AR-fähiges Device erkennen können. Dieses Gefühl motiviert Besucher dazu, Kultureinrichtungen zu besuchen und eine neue Stufe des Entertainments zu entdecken (Billock, 2017).

4.9 Printmedien

Wie eine aktuelle Umfrage zur Printmediennutzung von Statista zeigt, gaben 21 Prozent der <u>interviewten</u> Jugendlichen an, jeden Tag oder mehrmals in der Woche eine Printausgabe einer Tageszeitung zu lesen. Zehn Jahre zuvor waren es noch fast die Hälfte (48 Prozent) der 12- bis 19-Jährigen (Statista, 2017a). ARD/ZDF-Onlinestudie zeichnet ebenso ein sinkendes Interesse in den Printmedien bei gleichzeitig immer wachsender Konsum der Onlinemedien (Koch & Frees, 2017). Einer der Gründe für dieses Medienverhalten, wie es Tschanz und Schart in ihrem Buch betonen, ist die statischen Inhalte der Printmedien, die den Leser nicht interaktiv beschäftigen können. Es gibt zahlreiche bekannte Verlage, wie z.B. die Tageszeitung *Die Welt*, die *Süddeutsche Zeitung*, das Magazin *Stern* und viele andere, die diese Problematik erfasst haben und ihre Inhalte entsprechend der veränderten Bedürfnissen der Leser angepasst haben. Sie versuchen eine Brücke zwischen Offline und Onlinewelten mit Hilfe der Augmented Reality herzustellen. Laut den Autoren, werden statische Inhalte der Zeitungen und Zeitschriften durch den Einsatz der Technologie dynamisch und können Leser interaktiv mit aktuellen 3D-Objekten beschäftigen (Schart & Tschanz, 2017, pp. 105–111).

Einer der erfolgreichen Zeitungen, die AR systematisch und kontinuierlich realisiert, ist der *Weser-Kurier*. Der Weser-Kurier startete am 3. September 2013 mit der Implementierung der Augmented Reality-Technologie in seiner täglichen Zeitungspublikation. Als erste regionale Zeitung Deutschlands, setzte der Weser-Kurier die erweiterte Realität in seinen Artikeln, Anzeigen, Grafiken und Fotos der Printausgaben um. Die erweiterten Elemente wie beispielsweise zusätzliche Fotos oder Videos und weiterführende Informationen der Zeitung können mit der kostenfreien App „WESER-KURIER Life" auf Tablets oder Smartphones angezeigt werden. Dafür müssen die Leser lediglich die App auf dem mobilen Device installieren und anschließend die Stelle in der Zeitung, die über den entsprechenden Symbol verfügt mit der eingebauten Kamera des Geräts einscannen (Weser-Kurier, 2017). Auf der Abbildung 33 wird der grundlegende Einsatz von AR in der Zeitung dargestellt.

Abbildung 33: Einblendung von Zusatzinhalten der multimediale Zeitung „Weser-Kurier"
auf dem Display eines Smartphones (Niemeier, 2013)

Dirk Schart und Nathaly Tschanz schreiben, dass durch Zusatzinhalte die Zeitung
an Mehrwert gegenüber anderen Zeitungen gewinnt. Leser können sich intensiver und umfassender mit dem jeweiligen Thema beschäftigen und auch ein tiefe-
res Verständnis über die ausgewählten Inhalte gewinnen. Laut den Autoren, werden Kunden dadurch bereitwilliger in die Zeitung zu investieren (Schart &
Tschanz, 2017, pp. 105–111).

4.10 TV-Sendungen

In seinem Bericht auf einem Online-Telekommunikations-Nachrichtenmagazin
schreibt Thomas Michel, dass die Informationsmedien als Aufgabe nicht nur Inhalte zu vermitteln haben, sondern sie unterhaltungsreich zu gestalten. Die Informationsmedien ändern sich ständig und passen sich Interessen und Technolo-
giebedürfnissen unserer Gesellschaft an. Dieser Umstand zwingt manche TV-
Sendungen, laut Michel, dazu, neueste Grafik- und Soundeffekte einzusetzen, um
die Zuschauerquote zu erhöhen (Michel, 2017).

Ein Vorzeigebeispiel für die Verwendung moderner Technologie, um den Unterhaltungswert zu steigern, ist die *Galileo Augmented Reality* Sendung. Ab 6. November 2017 wird die Fernsehsendung durch immersive Objekte angereichert.
Das übliche Fernsehprogramm wird durch 3D-Modelle, Infotafeln, Mini-Spiele
oder interaktive Grafiken erweitert. Um die AR-Objekte der Galileo zu erleben,
muss ein Zuschauer *Galileo AR-App* auf sein Smartphone runterladen und starten.
Die herkömmliche TV-Übertragung wird, laut Galileo, in ein interaktives Erlebnis

verwandelt, schafft mehr Aufmerksamkeit und zieht den Zuschauer in die Atmosphäre der Sendung ein (Galileo, 2017). Die Abbildung 34 visualisiert neben den realen die erweiterten Elemente sowie Infotafeln der Galileo AR-App durch das Kamerabild eines Smartphones.

Abbildung 34: Zusätzliche Einblendungen durch Galileo AR-App (Galileo, 2017)

In ihrer wissenschaftlichen Arbeit beschreiben Fradet et al. Auswirkungen der AR auf TV-Nutzererlebnis. Die Autoren dokumentieren, dass der Einsatz von AR-Technologien den Zuschauer intensiver mit der jeweiligen Thematik beschäftigt und denen gleichzeitig einen größeren Unterhaltungswert durch zusätzliche Inhalte anbietet. AR bedingte Interaktionen steigern dabei das Immersionsgefühl der User (Fradet et al., 2017).

Des Weiteren erstellten Fradet et al. ein Konzept, das durch den Einsatz der AR Benutzern folgende erweiterten TV-Erlebnisse anbieten kann, die über den einfachen TV-Bildschirm hinausgehen:

- Neben dem Fernsehbildschirm werden virtuelle Kacheln angezeigt (siehe Abbildung 35). Der Benutzer kann gleichzeitig den TV-Inhalt und andere verfügbare Programme visualisieren.

- Der Benutzer kann den TV-Inhalt mit einer einfachen Drag-and-Drop-Aktion umschalten, indem er eine Miniaturansicht des AR-Kachelns auf den TV-Bereich zieht.

- Es kann auch ein AR-Programmmenü angezeigt werden. Es ist möglich hinein zu zoomen oder darin zu navigieren.

- Es ist möglich, kontextbezogene AR-Informationen zum aktuellen Inhalt wie Rollenbesetzung, Zusammenfassung, etc. anzuzeigen.

- Virtuelle Untertitel können auf Anfrage unterhalb des Fernsehers angezeigt und deren Sprache kann geändert werden. Wenn nicht genug Platz unter dem Fernseher ist, können sie auch verschoben werden.

- Die virtuellen Objekte können durch reale verborgen werden und die virtuellen Schatten stimmen mit den realen überein. Dadurch verschmelzen virtuelle und reelle Objekte, wodurch ein immersives Erlebnis zu Stande kommt (Fradet et al., 2017).

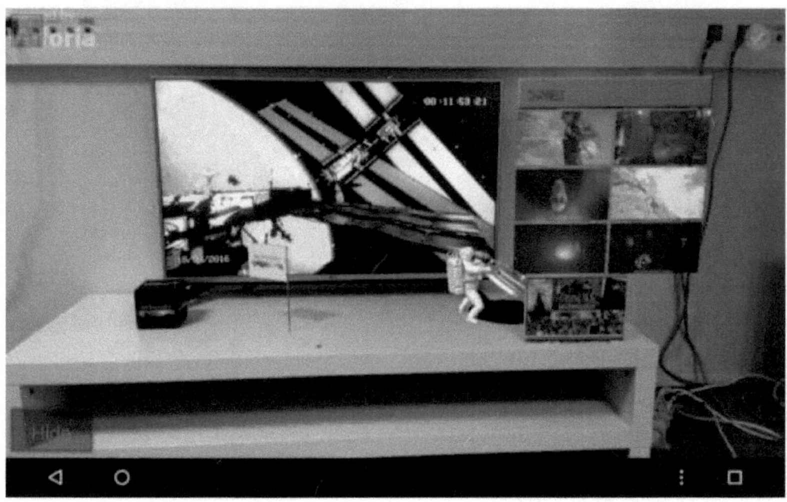

Abbildung 35: Mögliche AR-Einblendungen eines TV-Programms (Fradet et al., 2017)

Laut Autoren zeigt das Benutzerfeedback, dass das Konzept, AR in TV-Sendungen zu integrieren, vielversprechend ist (Fradet et al., 2017).

4.11 Indoor Navigation

Laut Umair Rehman und Shi Cao sind Outdoor-Navigationssysteme als Technologien weit verbreitet, sie ersetzen lästige Papierkarten und zeichnen wichtige Daten auf. Indoor-Navigationssysteme befinden sich im Gegensatz dazu noch in frühen Entwicklungsstadien. Navigation ist ein Bereich, der eine erfolgreiche Mensch-Maschine-Systemintegration gezeigt hat. Moderne Navigationssysteme verwenden elektronische Devices, um den Standort des Benutzers zu bestimmen, geeignete Routen zu finden und in einigen Fällen auch autonom Fahrzeuge zum Ziel zu führen. Gegenwärtig verwenden die meisten Navigationssysteme, laut den Autoren, GPS Satellitensignale, die in Außenumgebungen funktionieren, jedoch aufgrund der verringerten Signalstärke Schwierigkeiten in Innenräumen haben (siehe Unterkapitel 3.2.1) (Rehman & Cao, 2017).

Positionsbestimmung kann allgemein auf diversen Arten erfolgen. Die verbreitetsten Methoden sind vor allem die folgende:

- GPS: wird unter freiem Himmel oder bei ausreichendem Signalstärke verwendet (Rehman & Cao, 2017).

- Bilderkennung (engl. image recognition): Ortsbestimmung erfolgt durch die Erkennung der vordefinierten Bildern, deren exakte Position bereits bekannt ist (Rehman & Cao, 2017).

- Externe Signalgeber: Visible Light Communication (VLC), Beacons, Ultrawide Band (UWB), Wireless Local Area Networks (WLAN), Bluetooth (BLE) und Radio Frequency Identification (RFID) (siehe Unterkapitel 3.2).

Nach Aussagen von Rehman und Cao werden für Indoor-Navigationssysteme alternative Technologien wie Wi-Fi-basierte und bildbasierte Methoden vorwiegend verwendet. Eine endgültige Lösung für die Industrie wurde jedoch noch nicht gefunden. Angesichts der Verbreitung intelligenter mobiler Geräte und ortsabhängiger Anwendungen werden Indoor-Navigationssysteme sowohl für den persönlichen Gebrauch als auch für Anwendungen in vielen Branchen wie Einzelhandel, Unterhaltung, Gesundheitswesen und Fertigung sehr wertvoll. Laut Rehman und Cao, muss die Indoor Navigation, im direkten Vergleich zu Outdoor Methoden, mit mehreren Schwierigkeiten kämpfen. Diese sind unter anderem *Nicht-Sichtverbindung* (*engl.:* Non-Line-of-Sight, kurz NLoS) bei Hindernissen zwischen einem Smartdevice und Übertragungsantenne, großer Signaldämpfung und -streuung, Umgebungsänderungen und höheren Bedarf an Präzision (Rehman & Cao, 2017).

ECE Projektmanagement G.m.b.H. & Co. KG, ein Unternehmen, das Einkaufszentren entwickelt, umsetzt, vermietet und betreibt, führte im Jahr 2016 eine Studie durch, die die Erlebnisse und Erfahrungen der Konsumenten bei einer Online-Produktsuche analysierte. Die Ergebnisse der Studie zeigen, dass digitale Services bei den Kunden äußerst gefragt sind. Mehr als 60 Prozent der Besucher informieren sich vor dem Besuch über eine Applikation und Website über das Einkaufszentrum. Dabei haben die Information vor Ort die höchste Relevanz. 25 Prozent der Kunden wünscht sich ein 3D-Wegeleitsystem für <u>Indoor Navigation</u> im Einkaufszentrum. Unter 40-Jährigen aus dieser Gruppe, gab jeder dritte an, dass die

Indoor Navigation ihm das Einkaufsprozess erleichtern würde (ECE Projektmanagement G.m.b.H. & Co. KG, 2016).

Laut Dirk Schart und Nathaly Tschanz können Einkaufshindernisse durch Location-Based-Services, abgekürzt durch LBS (siehe Unterkapitel 3.2), und Indoor-Navigationssysteme auf ein Minimum reduziert werden. Location-Based Augmented Reality verbindet die reale Umwelt, also den Standort des Geräte-Nutzers mit medialen Inhalten. Hauptvorteil dieser Systeme, laut Autoren, ist die Einblendung von kontextbezogenen Inhalten und Informationen auf dem Gerät des Nutzers. Er muss also nicht seine Zeit dafür verbrauchen, um die Informationen aufzusuchen, sondern bekommt sie zur richtigen Zeit und am richtigen Ort auf seinem täglichen Begleiter (Schart & Tschanz, 2017, pp. 115–116). Nachfolgend wird die Indoor Navigation in einem Laden anhand eines Beispiels erklärt.

Eines der erfolgreichsten Unternehmen, das diese Technologie frühzeitig aufgegriffen und umgesetzt hat, ist *Lowe's* – ein amerikanisches Einzelhandelsunternehmen. Am 23. März 2017 präsentierte das Unternehmen ihre In-Store Navigation App als erste Einzelhandelsapplikation für Indoor-Navigation mit Augmented Reality. Mithilfe der Augmented-Reality-Technologie von Google Tango soll die Applikation das Einkaufserlebnis für Heimwerker vereinfachen. Ab April gleichen Jahres können Kunden die Geschäfte in Sunnyvale, Kalifornien und Lynwood, Washington besuchen, Tango-fähige Smartphones verwenden, um problemlos nach Produkten zu suchen, sie zu einer Einkaufsliste hinzuzufügen und um das Produkt mithilfe von Augmented Reality innerhalb des Geschäfts zu lokalisieren (Lowe's Open House, 2017).

Forschungslaboratorien von Lowe's konzentrieren sich darauf, neue Lösungen zu entwickeln, um das Einkaufserlebnis für Kunden und Mitarbeiter zu verbessern. "Unsere Recherchen zeigen, dass Kunden durch [AR] Unterstützung bei der Suche nach Produkten in den Geschäften nicht nur das Einkaufserlebnis verbessern können, sondern auch mehr Zeit für die Beratung von Heimwerkerprojekten sparen", sagte Kyle Nel – Geschäftsführer von Lowe's Innovationslabor (Lowe's Open House, 2017). Lowe's Kundschaft kann jedes Tango-fähige Smartphone verwenden, um eine Liste der benötigten Artikel in der App zu erstellen und auf Produktbewertungen und Informationen zuzugreifen und dann eine fundierte Entscheidung treffen. Von dort aus führen augmentierte Richtungsanweisungen der Applikation, die auf die reale Umgebung überlagern werden, den Kunden zu dem gesuchten Artikel, wobei die Applikation die effizienteste Route im Geschäft verwendet. Dafür werden solche Technologien wie Motion Tracking (*dt.:* Bewegungsnachverfolgung), Area Learning (*dt.:* Umgebungslernen) und Depth Perception (*dt.:* Tiefenwahrnehmung) auf Basis von Google Tango verwendet (Lowe's Open House, 2017). Die Abbildung 36 zeigt die Lowe's Applikation in der Verwendung.

Abbildung 36: AR Indoor-Navigation von Lowe's mit Googles project Tango (Lowe's Innovation Labs, 2017)

4.12 Tourismus

Erweiterte Realität kann nicht nur Indoor in geschlossenen vier Wänden unsere Wirklichkeit bereichern. Die Technologie eröffnet im Freien ebenso ihr volles Potential und kann für wissensdurstige Interessierte und neugierige Touristen neue Möglichkein der Unterhaltung bringen. So können Reisende AR-Apps einsetzen, um mehr Informationen über geschichtliche Sehenswürdigkeiten wie Gebäuden, Denkmäler und historische Orte zu erhalten. Des Weiteren kann so ein Reiseführer als eine gute Unterstützung auf den unbekannten Routen der Reisenden durch Einblendungen und Vorschläge von z.B. kurzen Reisewegen, besten Restaurants, günstigen Hotels oder Wi-Fi Anschlussen dienen. Eines der bekanntesten Beispiele dafür ist Wikitude AR-Browser, der im Unterkapitel 2.1.1 näher erläutert wird.

Jung et al. haben eine Reihe von Studien durchgeführt, um die Akzeptanz von Tourismus-AR-Apps durch Reisenden zu ermitteln. Es wurde festgestellt, dass Touristen allgemein solche Apps positiv aufnahmen und diese als nützlich empfanden (Jung et al., 2015). In ihrem Buch schreiben Timothy Jung und M. Claudia tom Dieck, dass diese mobilen Technologien sich schnell entwickeln. Aus diesem Grund ist es wichtig, laut den Autoren, touristische Anforderungen zu erfüllen, um Funktionalitäten wie AR sinnvoll zu nutzen und somit eine wiederholte Nutzung dieser Anwendungen zu fördern (Jung & tom Dieck, 2017, p. 5).

Mit Hilfe der Augmented Reality können Touristen nicht nur zusätzliche Informationen über Sehenswürdigkeiten, Reisetipps und jegliche Routen erfragen. Dank der AR-Technologie können Interessierte auch in die Vergangenheit reisen. Einer der erfolgreichsten Umsetzungen auf diesem Gebiet ist das Projekt *Chicago 00*, das durch die Kooperation des Chicago History Museums und dem Filmproduzenten Geoffrey Alan Rhodes entsteht. Durch die Ergänzung des umfangreichen Archivs mit historischen Bildern werden neue Medienerfahrungen erzeugt. *The Eastland Disaster* ist die erste Augmented Reality App, die vom Chicago History Museum entwickelt wurde. Diese Anwendung für Android und iOS bietet einen Überblick über einen Geschichtsabschnitt der USA, das Kentern der SS Eastland im Jahr 1915. Dieses Ereignis führte zum Tod von 844 Passagieren im Herzen der Innenstadt von Chicago. Ziel des Projekts war es Chicago Geschichten an den Orten zu vermitteln, an denen sie vor mehreren Jahrzehnten stattfanden. Zuschauer werden mit AR-Einblendungen auf tragbaren Geräten konfrontiert, die die Originalfotos damaliger Zeit zeigen und somit werden Anwender in diese Geschichte miteinbezogen. Das Projekt bietet eine Augmented-Reality-Tour entlang des Chicago Riverwalk, wo die SS Eastland 1915 kenterte und eine Virtual-Reality-Tour auf dem Gelände des St. Valentin-Massakers (Chicago00.org, 2017). Die Abbildung 37 zeigt eine historische Einblendung während der Nutzung dieser Applikation.

Abbildung 37: Praxisanwendung der The Eastland Disaster-Applikation (Chicago00.org, 2017)

Internetanschluss und AR-Funktion auf dem Smartphone oder dem Tablet eines Nutzers können den Aufenthalt eines Touristen in einem fremden Land erleichtern. Der Reisende muss somit nicht mal Englisch als internationale Sprache beherrschen, kann sich aber mehrere Sprachen gleichzeitig durch globales Rechnernetz und AR-Technologie aneignen. Das wird anhand eines nachfolgenden Beispiels verdeutlicht.

Eines der signifikanten Beispiele, das diese Möglichkeiten anbietet ist *Word Lens Translator* Applikation. Laut Khan et al. ist das Ziel der Anwendung die Eliminierung der Sprachbarrieren der Reisenden und die Erleichterung der Navigation in einer fremdsprachigen Umgebung. Word Lens Translator Applikation ist in der Lage, den von einer Smartphonekamera aufgenommenen Text zu erkennen, zu übersetzen und das Übersetzungsergebnis augmentiert auf dem Bildschirm des Mobiltelefons in Echtzeit anzuzeigen. Die Übersetzung von Texten erfolgt lediglich durch einen Buttondruck. Eine Internetverbindung wird für die Benutzung nicht vorausgesetzt. Das Programm zeigt die Übersetzung nicht als einfache Textform auf dem Display des Gerätes an. Die Besonderheit dieser Software liegt, laut den Autoren, in dem Retuschieren des originalen Schriftzugs aus dem originalen Bild und Einblendung des übersetzten Textes in einer möglichst gleichen Schriftart und -farbe auf die entsprechende Stelle. Obwohl die aktuelle Version der Anwendung auf die Übersetzung einiger wenigen Sprachen beschränkt ist, wird das AR-Wörterbuch durch weitere Sprachen kontinuierlich erweitert (Khan et al., 2014). Die Abbildung 38 zeigt die aufgeführte Applikation während ihre Anwendung.

Abbildung 38: Augmented Reality Übersetzungsapplikation "Word Lens Translator" (Khan et al., 2014)

Nach Khan et al. sollen durch den Einsatz von AR-Übersetzungsanwendungen Sprachbarrieren eliminiert werden. Fremdsprachige Restaurantmenüs, Poster, Schilder und Schlagzeilen werden mit hoher Trefferquote für Reisende in ihre Sprache übersetzt (Khan et al., 2014).

4.13 Gaming

In ihrem Buch schreiben Dirk Schart und Nathaly Tschanz, dass Videospiele sich in den letzten Jahrzehenten fest in die VR-Technologie etabliert haben. Bei AR war der Anteil nicht so hoch, aber dank der neusten Smartphone-Technologien sowie steigender Verfügbarkeit von AR- und MR-Brillen wird, nach den Autoren, erweiterte Realität immer stärker in den Gaming-Bereich eingesetzt. Als Early Adopters entdecken Spieler neue Technologien und sorgen für das Interesse des Publikums, noch lange bevor diese Technologien die breite Masse erreichen. Deswegen gelten Gamer als wichtige Vorantreiber in der Hardware-Industrie (Schart & Tschanz, 2017, p. 118).

Schart und Tschanz betonen, dass die erweiterte Realität erst durch das Smartphone-Spiel *Pokémon Go* im Konsumentenbereich richtig bekannt wurde, das Juli 2016 erschienen ist (Schart & Tschanz, 2017, p. 118). Im Sommer 2016 lockte ein neues Spiel immer mehr Menschen an, die mit ihren Smartphones Straßen und Parken nach augmentierten Kreaturen durchsuchten. Laut Statistiken und Fakten des Unternehmens *DMR* sowie Forschungsergebnissen von einem US-amerikanisches Meinungsforschungsunternehmen *SurveyMonkey* gilt Pokémon Go als das bislang erfolgreichste Smartphone-Spiel. Das Spiel hat in den ersten Monat nach der Erscheinung mehr als 100 Millionen App-Downloads und in den ersten drei Monaten 600 Millionen US-Dollar Revenue gesammelt. Mit rund 20 Millionen im Juli 2016 hatte das Spiel mehr Daily Active Users (DAU) als der Mikroblogging-Dienst *Twitter* (Buenger, 2016; Smith, 2018).

In seinem Paper „Will 'Pokémon Go' Find an AR Audience?" schreibt Chris Tribbey, dass Pokémon-Entwickler *Niantic, Inc.* mit seinem erfolgreichen Spiel die AR-Technologie einem breiten Publikum zugänglich gemacht und auf eine spielerische Art und Weise das AR-Prinzip erklärt hat. Der Sinn von dem Spiel ist die virtuellen Fantasiewesen, die sogenannten *Pokémons*, mittels Smartphones einzufangen. Die Pokémons werden mittels AR auf dem Abbild der realen Welt dargestellt, das auf dem Display des mobilen Gadgets erscheint. Augmentierten Monster kann ein Spieler dann gegeneinander kämpfen lassen und trainieren. Niantic lockte somit vor allem 1990er Pokémons-Fans und jüngere Zielgruppen an (Tribbey, 2016)

In ihrem Beitrag schreibt <u>Margaret Rouse</u>, eine Redakteurin auf dem *TechTarget*, einem IT-Beratungsunternehmen, dass Pokémon GO eine Smartphone-Kamera, ein Gyroskop, eingebaute Uhr und GPS-Modul nutzt, wodurch eine standortbasierte Augmented-Reality-Umgebung ermöglicht wird (siehe Unterkapitel 3.2). Auf dem Bildschirm wird eine Karte der aktuellen Umgebung angezeigt und ein Rascheln von Gras weist auf die Anwesenheit eines Pokémons hin. Ein Antippen des Touchscreens öffnet ein AR-Modus, das sogenannte Capture-Display. Im AR-Modus wird ein Pokémon auf dem Smartphone-Bildschirm auf dem Abbild der realen Umgebung projiziert (siehe Abbildung 39). Somit wird, laut Rouse, ein immersives Erlebnis erzeugt (Rouse, 2016).

Abbildung 39: AR Smartphone-Spiel "Pokémon Go" in der Anwendung (Patrick, 2017).

Die Analyse zweier wissenschaftlichen Quellen, die sich mit dem Spiel Pokémon Go auseinandersetzen, ergab einige positive Aspekte dieses extrem beliebtes Smartphone-Spiels. Zu den Vorteilen gehören mehr Bewegung, Sozialisation und Aktivitäten im Freien, die durch das Spiel impliziert wurden (Joseph & Armstrong, 2016; Serino et al., 2016). Durch den immersive Charakter des Spiels ergeben sich auch Nachteile wie z.B. die Ablehnung des Spielers von realen Umgebung, die zu diversen Risiken führen können. Dies Thema wird ausführlich in Unterkapitel 5.2.3 diskutiert.

Laut Hochschule der Medien in Stuttgart, realisiert Niantic direkte Umsätze durch In-App-Käufe, bei denen Pokémon GO Spieler zusätzliche Spielelemente sowie Optionen für das Spiel kaufen können. Der Kooperationspartner Google, dessen Kartendienst für das Spiel verwendet wird, bekommt durch die Zusammenarbeit mit Niantic die Möglichkeit sein Kartenservice zu vervollständigen und zu perfektionieren (Hochschule der Medien, 2016). Auf der Homepage seines Unternehmens schreibt Matthias Mangold, der als Geschäftsführer bei *Magic Holo* tätig ist, dass Shop-Betreiber und Dienstleister durch Zusammenarbeit mit Niantic die Option bekommen, potenzielle Kundschaft zu ihren Standorten anzulocken, indem sie augmentierte Pokémons zum Einsammeln vor dem entsprechenden Ladenstandort zur Verfügung stellen (Mangold, 2017).

Im Jahr 2016 äußerte sich Kazuo Hirai, der CEO von Sony Corporation, positiv bezüglich des Spiels gegenüber der Financial Times. Hirai bezeichnete Pokémon Go als ein echtes „game-changer" und AR als ein "great innovative idea that's going to lift all boats for the video game industry" (Kobialka, 2016). Somit hat Sony, eine Firma, die über 40 Millionen der Spielkonsole PlayStation 4 verkaufte und jahrzehntelange Erfahrung im Entertainment und Gaming Bereichen hat, ebenfalls den Potential der AR-Technologie gesehen.

Ruiz-Ariza et al. lobte das Spiel nach einer acht wöchigen Experimentphase. Dabei wurden 190 spanischen Jugendlichen zwischen 12 und 15 Jahren getestet. Diese wurde in zwei Gruppen aufgeteilt. Die Kontrollgruppe bestand aus 103 Heranwachsenden, die Pokémon GO nicht spielten. Die experimentelle Gruppe aus 87 jungen Menschen nutzten das Spiel aktiv innerhalb der Experimentphase. Die Wissenschaftler kamen zu dem Schluss, dass Pokémon GO Aufmerksamkeit erhöht, Gemeinschaft- sowie Glücksgefühl steigert und zum Spaziergang motiviert. Nach Meinungen Ruiz-Ariza et. al., eignet sich das Spiel für den Einsatz an Schulen und anderen Bildungseinrichtungen, um tägliche physische Aktivität der Jugendlichen zu steigern (Ruiz-Ariza et al., 2017).

4.14 Social Media

Laut Statistiken, Fakten und Forschungsergebnissen des Unternehmens DMR und Meinungsforschungsunternehmen SurveyMonkey, hat das Spiel Pokémon GO auf der ganzen Welt zahlreiche Follower dazu gebracht, sich mit der Suche nach augmentierten Kreaturen Zeit zu verbringen (Buenger, 2016; Smith, 2018). Die strategische Marktforschungsanalyse von *FRPT Resarch* ergab, dass derzeit das soziale Netzwerk *Facebook Inc.* mit der AR-Technologie experimentiert, inspiriert von dem Spielhype (FRPT Research, 2017).

Kathleen Chaykowski, eine Redakteurin bei Forbes, einem Wirtschaftsmagazin, schreibt, dass Facebook seine Plattform für Entwickler vor zehn Jahren auf der ersten jährlichen F8-Konferenz eröffnet hat. Zehn Jahre später, am 18. April 2017, kündigte der CEO Mark Zuckerberg an, dass Facebook in eine neue Plattform investiert. Dabei handelte es sich um eine Augmented Reality-Plattform zur Verbesserung von Bildern, die Menschen mit Smartphone-Kameras im sozialen Netzwerk teilen. "Wir sehen den Beginn einer neuen Plattform und werden die Kamera zur ersten Mainstream-AR-Plattform machen", sagte Zuckerberg auf der Facebook-F8-Veranstaltung im Frühjahr 2017 in San Jose, Kalifornien, vor 4.000 anwesenden Entwicklern (Chaykowski, 2017).

Laut Chaykowski können mit der von Facebook entwickelten AR-App *Camera Effects Developer Plattform* Nutzer AR-Filter und AR-Masken in Echtzeit auf eigene Aufnahmen projizieren. Das AR-Studio von dem US-amerikanischen sozialen Netzwerk ermöglicht die exakte Positionserkennung und Objekt-Tracking (siehe Unterkapitel 3.2). Mark Zuckerberg sieht die ersten Schritte bei der Verwirklichung der Technologie auf Smartphones und später dann auf AR-Brillen. Im Laufe der Zeit wird AR eine wirklich wichtige Technologie sein, die die Art und Weise verändert, wie wir unsere Telefone und unsere gesamte Technologie nutzen, sagte Zuckerberg im seinem Vortrag auf der F8 2017 Konferenz (Chaykowski, 2017).

Ficus Kirkpatrick schreibt auf der Webseite *Facebook for Developers*, dass die Camera Effects Platform zahlreiche Tools bietet, um AR-Elemente in Fotos und Videos zu integrieren. Diese Elemente passen sich Mimik und Gestik der Benutzer in Echtzeit an, wie auf der Abbildung 40 zu sehen ist. Des Weiteren lassen sich Aufnahmen runterladen, mit Scripting Tools nacharbeiten und veröffentlichen. Damit unterstützt die Plattform, laut Kirkpatrick, selbst Amateure bei der Umsetzung kleineren Projekten mit überschaubaren Budget. Dabei bietet das Tool notwendige Werkzeuge wie Gesichtserkennung und -verfolgung, um die Arbeit möglichst schnell und ohne Expertenwissen zu erledigen. Das Konzept von Face hat nicht nur Konsumenten überzeugt, auch Großkonzern mit bekannten Marken sind als Geschäftspartner in den Genuss dieses kreativen Werkzeugs gekommen. Zu früheren Geschäftspartner gehören unter anderem Electronic Arts mit ihrem Videospiel „Mass Effect: Andromeda", GIPHY, Manchester United, Nike, Real Madrid, TripIt und Warner Bros. Entertainment mit ihrem Film „Justice League" (Kirkpatrick, 2017).

Abbildung 40: Augmentierte Bilder durch Camera Effects Developer Platform von Facebook (Kirkpatrick, 2017)

Ein ähnlicher Ansatz wie Facebook wurde auch im Instant-Messaging-Dienst *Snapchat* von dem US-amerikanischen Unternehmen *Snapchat Inc.*, laut der eigenen Homepage, eingesetzt, das im September 2016 in *Snap Inc.* umfirmiert wurde. Die Firma veröffentlichte im Dezember 2017 ihre neue Applikation *Lens Studio*. Die Desktop-App für Mac und Windows ermöglicht Schülern, Amateuren und professionellen Entwickler ihre Kreativität zu entfalten und 2D- oder 3D-Objekte, sogenannten Lens (*dt.* Linsen), zu entwickeln, veröffentlichen und mit anderen Snapchat-Nutzer zu teilen. Diese virtuellen Objekte werden dann über die Rückkamera des Smartphones in das Abbild der realen Umgebung auf dem Smartphone-Display eingeblendet. Auf der Abbildung 41 wird ein virtuelles Objekt erstellt und mittels Lens Studio App in die reale Welt projiziert (Snap Inc., 2018a, 2018b).

Abbildung 41: Lens Studio Applikation von Snap. Inc. in der Anwendung (Social Samosa, 2017)

5 Zukunftsausblick und Expertenmeinungen

Um sich eine bessere und zukunftsmögliche Entwicklung der Augmented Reality zu verschaffen, werden in diesem Kapitel einige Expertenmeinungen zusammengefasst und vorgestellt. Darunter geschäftsführende Vorstandsmitglieder, Vorstandsvorsitzende, Fachexperten und Generaldirektoren diversen erfolgreichen und marktführenden Technologieunternehmen und Konzerne sowie Beratungsfirmen. Dadurch werden Potentiale, Risiken, Zahlen und Fakten bezüglich dieser Technologie verdeutlicht. Anschließend werden künftige Projekte einigen innovativen Unternehmen präsentiert.

5.1 Potential

Bereits im Jahr 2014 äußerte sich Mark Zuckerberg, Gründer und <u>Vorstandsvorsitzender</u> des <u>Unternehmens</u> <u>Facebook Inc.</u>, in seinem Facebook-Post wie folgt: "One day, we believe this kind of immersive, augmented reality will become a part of daily life for billions of people" (Zuckerberg, 2014). Drei Jahre später kündigt Zuckerberg seine neue Augmented-Reality-Plattform an (siehe Unterkapitel 4.14). Der Facebook Gründer geht damit seinen Vorstellungen von AR aktiv nach und macht erste Schritte zur ihrer Verwirklichung.

Ein Business-Media-Unternehmen *Innovation Enterprise Ltd.*, das sich auf Unternehmensinnovationen spezialisiert, verfügt über Schlüsselkanäle wie beispielsweise Big Data, Wirtschaftsanalyse, Innovation und Finanzen. Mit seinen Schlüsselkanälen verbindet das Unternehmen Branchenführer aus allen Geschäftsbereichen, von führenden Fortune-500-Unternehmen bis hin zu disruptiven und erfolgversprechenden Start-ups. Das Unternehmen bietet Einblicke in die Firmen, die durch Veränderungen in den digitalen Medien vorangetrieben werden. Marktforscher der Innovation Enterprise antizipieren Top 5 Digital Marketing Trends für das Jahr 2018. Darunter sind solche Trends wie Multiplikatoren-Marketing, verstärkte Betonung der Qualität, Vermarktung über Video, Chatbots und Augmented Reality. Digitalmarktanalytiker schätzen, dass AR im Jahr 2018 ihr Potential entfalten wird. Laut Innovation Enterprise wird breite Masse in 2018 die Technologie nicht nur durch Spielapplikationen kennen lernen. Die Umsetzungsmöglichkeiten der Technologie werden vielfältiger, AR integriert sich in diverse Anwendungsfelder und somit in den Alltag der Öffentlichkeit (Sammonds, 2017).

Fünfzehn Mitglieder des *Forbes Agency Council*, einer Organisation für Führungskräfte in erfolgreichen PR-, Medien-, Kreativ- und Werbeagenturen, listen fünfzehn wichtigste digitale Marketingtrends für das Jahr 2018 auf. Darunter sind beispielsweise solche Trends wie verstärktes Begleiten auf „Customer Journey", mehr gezielte Werbung mit einem bestimmten Zweck und Einsatz von professionellen Live Videos. Wie auch die Marktforscher von Innovation Enterprise Ltd. erkennt auch Forbes Agency Council Potential in solchen Trends wie Vermarktung über Video, Chatbots und Augmented Reality. Als erstes Beispiel nennt Chris Carter, Marketingleiter von *Rep Interactive*, eines Unternehmen, das sich auf Videoproduktion fokussiert, Integration von AR in Soziale Medien. Dazu äußert er sich wie folgt: "As our mobile devices become more powerful and social apps better integrate with AR, brands will use AR to better engage with consumers. For example, using your location, brands could trigger sponsored AR content, which can only be accessed at that spot, at that time. Pokémon Go was the pioneer with this idea, and I feel Instagram and Facebook will soon be integrating this tech into its platforms" (Forbes Agency Council, 2017).

Tim Cook, der CEO des laut Forbes profitstärksten Technologieunternehmens der Welt – *Apple Inc.*, vergleicht im Frühjahr 2017 AR und VR in einem Interview mit einer britischen Internet-Zeitung. Für ihn hat AR deutlich mehr Potential, da diese Technologie die reale Welt nicht ausschließt, sondern diese zusätzlich durch Hilfs- und Unterhaltungselemente erweitert. Er stellt das Potential und die Bedeutung dieser Kerntechnologie auf die gleiche Stufe wie die eines Smartphones, das uns bei unseren alltäglichen Aufgaben unterstützt (Forbes, 2017a, 2017b; Phelan, 2017):

"AR allows individuals to be present in the world but hopefully allows an improvement on what's happening presently. Most people don't want to lock themselves out from the world for a long period of time […]. With AR you can, not be engrossed in something, but have it be a part of your world, of your conversation. That has resonance. I regard it as a big idea like the smartphone. The smartphone is for everyone, we don't have to think the iPhone is about a certain demographic, or country or vertical market […]. I think AR is that big, it's huge. I get excited because of the things that could be done that could improve a lot of lives. And be entertaining. I view AR like I view the silicon here in my iPhone, it's not a product per se, it's a core technology. But there are things to discover before that technology is good enough for the mainstream" (Phelan, 2017).

Nach Angaben von Niklas Lewanczik auf dem Portal *OnlineMarketing.de GmbH* äußerte sich Jeff Miller, Global Head of Creative Strategy bei Snap Inc. (siehe Unterkapitel 4.14) bezüglich AR-Technologie wie folgt: „That notion that it's something three-dimensional that can recognize surfaces or planes is really cool because you can start to imagine ways that Snapchatters can have fun with brands and the world around them—not just on their faces. You can imagine a 3-D product that you can see in front of you, that you can place in your hand, that you can interact with and walk around with and have that sense of that product itself" (Lewanczik, 2017). Ferner berichtet Yuyu Chen, Reporterin der online Zeitschrift Digiday, dass AR als Technologie den Vertrieb von virtuellen Inhalten erlaubt, die sich dann in AR-Apps integrieren lassen. Damit eröffnet die erweiterte Realität neue Möglichkeiten der Profiterbringung. Snap Inc. ist in der Lage, Umsätze in Höhe von einer Million US-Dollar pro Tag zu erzielen (Chen, 2017).

Einer der berühmtesten Pioniere und Innovatoren mit der langjährigen Erfahrung auf dem Gebiet Augmented Reality, Ronald Azuma, betont in seiner aktuellen Arbeit „Making Augmented Reality a Reality" das Potential dieser Technologie: „While Virtual Reality (VR) completely replaces the user's view of the real world, AR supplements it. In the long term, AR potentially has a much larger market than VR, because it improves the user's understanding of and interaction with the real world. AR connects users to the people, locations and objects around them, rather than cutting them off from the surrounding environment. AR is the most likely route by which wearable systems replace smartphones, because of its potential to provide a large visual display in a compact, head-worn form factor. Ultimately, head-worn AR displays might replace all other display form factors: monitors, laptop screens, phones and tablets" (Azuma, 2017).

5.2 Risiken

Mit der steigenden Verbreitung von AR-fähigen Geräten sowie immer wachsenden Investitionen in diese Technologie in der Gesellschaft (siehe Unterkapitel 5.1 und 5.5) ist es sinnvoll, sich mit den Risiken dessen Entwicklung und Einsatzes näher zu beschäftigen. Ungeachtet der Tatsache, dass die globalen Player große Aufmerksamkeit der Augmented Reality schenken, begegnet die Gesellschaft den neuen Trend dennoch mit Zurückhaltung und Skepsis, die auf mehrere Gründe zurückzuführen sind. Nach Analyse mehrerer wissenschaftlicher Werke werden in diesem Unterkapitel sechs der wichtigsten und in der Literatur häufig verwendeten Risiken und Nachteile durch Nutzung dieser Technologie zusammengefasst und präsentiert.

5.2.1 Gesundheitliche Schäden

Eines der wichtigsten Risiken, die durch Nutzung von AR-fähigen Datenbrillen auftreten können, ist gesundheitliche Schäden. In ihren Abschlussberichten erarbeitete Dr. Matthias Wille sowie Sabine Theis et al., die bei der Bundesanstalt für Arbeitsschutz und Arbeitsmedizin in Deutschland tätig sind, Faktoren, die zur psychischen sowie physische Beanspruchung durch den Einsatz von AR-Datenbrillen bzw. HMDs beitragen (Theis et al., 2016; Wille, 2016). Nachfolgend werden einige diesen Faktoren vorgestellt.

Darunter wurden solche Faktoren wie z.B. visuelle Ermüdung der Augen, Kopf- und Nackenschmerzen sowie Schwindelgefühl dokumentiert, die durch ständige AR-Einblendungen und Gewicht des AR-Devices impliziert werden. Forscher antizipieren aber, dass durch aktuelle Massenanfertigung von AR-HMDs und AR-Datenbrillen, AR-Displays in Zukunft optimiert werden. Folglich könnte das Gewicht, laut der Bundesanstalt für Arbeitsschutz und Arbeitsmedizin geringer und der Tragekomfort deutlich verbessert werden. In ihren wissenschaftlichen Arbeiten empfehlen Autoren während des Einsatzes von AR-Devices Arbeitspausen einzuplanen, um Augenschäden zu verhindern. Bei der Verwendung solcher Technologien sind Eingewöhnungsphasen sowie langsame Steigerung der Einsatzzeiten vorzusehen. Forscher der Bundesanstalt für Arbeitsschutz und Arbeitsmedizin betonen, dass ein „Gewöhnungseffekt" bezüglich der AR-fähigen Devices ebenso zu Problemen führen kann. Nach der regelmäßigen augmentierten Einblendung in das Sichtfeld des Nutzers, kann das Eliminieren dieser Objekte zur Irritierung führen (Theis et al., 2016; Wille, 2016).

5.2.2 Gefährdung der Privatsphäre und Datenschutzverletzungen

Die durch die Augmented Reality entstandene Kontroverse, insbesondere Verletzung der Privatsphäre sowie Urheberrechte beim Einsatz der Smartglasses, wird nicht nur in Medien, sondern auch aktiv in wissenschaftlichen Kreisen diskutiert. Hein et al. haben drei wesentliche soziale Gefahren erkannt: Verlust des sozialen Zusammenhalts, Verlust der Wahrnehmung und Verlust der Privatsphäre in der Öffentlichkeit. Erweiterte Realität erfordert eine ständig eingeschaltete Kamera, die die Umgebung aufnimmt. Durch diverse Apps, die nicht immer durchsichtige Vertragsbedingungen und Rechte auf Endgerät einfordern, ist es für Endbenutzer nicht immer eindeutig, wann und wem das aufgenommene Material weitergegeben wird. Nach einer gewissen Anzahl an aktiven Nutzern der Datenbrillen wird die gesamte Umgebung, laut den Autoren, zu einem Schauplatz (Hein et al., 2017).

Eines der praktischen Beispiele auf diesem Gebiet ist das Spiel Pokémon Go Spiel (siehe Unterkapitel 4.13). Laut der Hochschule der Medien in Stuttgart stiegen in den Monaten nach dem Hype die Downloadzahlen für das trendige Spiel rasant ab, es gibt aber einige Einnahmequellen, die für Millionen US-Dollar Umsatz gesorgt haben. Um das Smartphone-Spiel nutzen zu können, ist der Nutzer zunächst gezwungen den Datenschutz-Bestimmungen der Applikation zuzustimmen. Niantic verschafft zum einen Speicherung der personenbezogenen Daten auf seinem internen Server und zum anderen die Erlaubnis für die Weitergabe der Kundendaten. Da die Applikation für die Verwendung, laut der Hochschule der Medien in Stuttgart, ein eingeschaltetes GPS-Modul benötigt, werden im Laufe des Spiels ununterbrochen aktuelle Geolokalisierungsdaten gesammelt. Dies stellt auch die Haupterlösquelle des US-amerikanischen Entwicklerstudios Niantic, das die gewonnenen Daten z.B. an Strafverfolgungsbehörden und Werbeagenturen übermitteln kann (Hochschule der Medien, 2016).

Prof. Dr. Thomas Schwenke, ein Rechtsanwalt beim *Unabhängigen Landeszentrum für Datenschutz Schleswig-Holstein*, vergleicht die AR-Datenbrille mit einem Smartphone, das zu einem Alltagsbegleiter für Menschen geworden ist. Demnach gehören diese Alltagsbegleiter zur Wearables, die von einem User nicht nur bei Bedarf genutzt, sondern kontinuierlich getragen werden. Die Voraussetzung für die Verwendung der Smartbrille ist die Erlaubnis des Nutzers für die Kartierung der physischen Wirklichkeit, in der sich der Nutzer befindet. Schwenke schreibt, dass durch die Erfassung und die Aufnahme der Umgebung von AR-Wearables das Potential zur Verletzung der Privatsphäre und Persönlichkeitsrechten besteht. Diese entstehenden Gefahren übersteigen die bisher genutzten Arten der optischen und akustischen Informationserfassung, beispielsweise durch Videoüberwachung mit Kameras eines Smartphones. Als praktisches Beispiel für das Auftreten dieses Problems führt der Autor das Unternehmen Google mit seiner Entwicklung der Datenbrille „Google Glass" an (siehe Unterkapitel 1.1 und Abbildung 1). Im Januar 2015 war Google gezwungen den Testbetrieb seiner Entwicklung einzustellen (Schwenke, 2016, pp. 1–10).

Andererseits ist es laut Schwenke vorstellbar, dass der Nutzen und die Vorteile, die durch den Einsatz der AR-Technologie entstehen, die Angst vor der Verletzung der Privatsphäre ebenfalls in den Hintergrund treten lassen. Des Weiteren argumentiert der Experte, dass eine dauerhafte Untersagung von Datenbrillen in Anbetracht ihres Nutzens in einer zunehmend digitalisierten und datenüberfluteten Gesellschaft nicht möglich wäre. Demnach werden Gesetze und Rechte bezüglich der Anwendung dieser Technologie erforderlich, um die Nutzung von AR-Devices im öffentlichen Raum zu legitimieren (Schwenke, 2016, pp. 1–10).

Ute Bernhardt ist eine wissenschaftliche Referentin beim „Netzwerk Datenschutzexpertise", einem Zusammenschluss von Datenschutzexperten. In ihrer wissenschaftlichen Arbeit auf dem Gebiet der Potentiale und Konsequenzen des AR-Einsatzes erläutert die Autorin ebenso das Problem des Datenschutzes, das durch die Eigenschaften der Datenbrille entstanden ist. Als Beispiel führt sie eine Datenschutzdebatte an, die sich auf die ununterbrochene Aufzeichnung, Speicherung und den Transfer der aufgenommenen Inhalte der Brillenträger fokussiert. Laut Bernhardt können solche Aufnahmen zum drohenden Verlust von Autonomie und Reputation von Personen in der Umgebung der AR-Brillenträger führen (Bernhardt, 2016, pp. 2–4).

Prof. Dr. Anett Mehler-Bicher und Lothar Steiger, die an der Fachhochschule Mainz tätig sind, fassen in ihrem Buch einige Risiken, die sie eng mit Augmented Reality verbinden, zusammen. Unter anderem listen die Autoren solche Gefahren wie beispielsweise die Verschmelzung von Realität und Virtualität, Abhängigkeit von Technik, Verwässerung des AR Begriffs und Augmented Reality Spam auf. Ein besonderes Augenmerk legen die Autoren auf die Risiken hinsichtlich der Verletzung des Datenschutzes, die durch Kombination von sozialen Netzwerken und AR entstehen können. Diese Risiken ordnen die wissenschaftlichen Arbeiter der Kategorie „Gläserner Mensch" zu (Mehler-Bicher & Steiger, 2014, p. 145).

Laut der Online-Enzyklopädie *Academic* wird die Bezeichnung „Gläserner Mensch" oder „Gläserner Bürger" jahrelang insbesondere als Metapher im Kontext des Datenschutzes verwendet. Diese Bezeichnung steht für eine vollständige „Durchleuchtung" der Menschen und ihres Verhaltens durch einen überwachenden Staat. Des Weiteren wird der Begriff für die zunehmende Überwachung der Menschen durch neue technische Überwachungsmethoden sowie das steigende Interesse des Staates und anderer großer Institutionen an Informationen über Bürger verwendet. Gegner der allgegenwärtigen Überwachung implizieren unter diesem Begriff einen kompletten Verlust der Privatsphäre sowie des Rechtes auf informationelle Selbstbestimmung und eine daraus folgende Unterordnung der Menschen unter die vom Land erzwungene Handlungsweise (Academic, 2017).

Prof. Dr. Anett Mehler-Bicher und Lothar Steiger dokumentieren in ihrem Buch „Augmented Reality: Theorie und Praxis", dass es bislang nur prototypische Applikationen entwickelt wurden, die allgegenwärtigen Informationen und Daten bezüglich einer konkreten Person aus den sozialen Netzwerken über mobile AR-Apps darstellen lassen. Die Autoren prognostizieren, dass solche Anwendungen in der Zukunft entwickelt und aktiv genutzt werden. Daher sind das Aufstellen und Einhalten der Regelungen bezüglich der Verhinderung derartiger „Durchleuchtung" von personenbezogenen Daten von höchster Bedeutung (Mehler-Bicher & Steiger, 2014, p. 145).

The Circle, ein US-amerikanischer Science-Fiction-Thriller von James Ponsoldt aus dem Jahr 2017, beschäftigt sich mit der Thematik des „Gläsernen Menschen" und zeigt, welche möglichen Risiken bei der Verwendung von solchen Zukunftstechnologien angesichts der Offenlegung persönlicher Daten und Profile entstehen können (Motion Picture Artwork, 2017).

5.2.3 Unfallgefahren durch Ablenkung

Die immersiven Eigenschaften von der AR-Technologie, die sowohl in Smartglasses als auch im Smartphones eingesetzt wird, können schnell zur Ablenkung von der Realität führen. Eines der praktischen Beispiele auf diesem Gebiet ist das Spiel Pokémon Go (siehe Unterkapitel 4.13). Maeve Serino et al. führen viele Beispiele für negative Auswirkungen, die sich durch Nutzung dieses Spiels ergeben können an, darunter ein erhöhtes Risiko von Verletzungen, Entführungen, Übergriffen und Gewalt die in Folge der Ablenkung auf mobiles Gerät bewirkt wurde (Serino et al., 2016).

Laut Ayers et al. neigen viele Spieler dazu, die augmentierten Kreaturen mit ihren Autos zu suchen. Dadurch negieren sie jegliche gesundheitlichen Vorteile und riskieren ernsthafte Verletzungen zu erhalten. Ayers et al. schreiben, dass Motorfahrzeugabstürze die Hauptursache für Todesfälle für User zwischen 16 und 24 Jahren sind, die diese Zielgruppe bilden. Darüber hinaus sind nach Angaben der *American Automobile Association*, des größten Verkehrsclubs der USA, 59 Prozent aller Unfälle jungen Fahrer geschuldet, die durch Ablenkungen von ca. 6 Sekunden einen Unfall begangen. Der Verkehrsclub sowie involvierte Fahrer und Fußgänger nennen des Öfteren Pokémon Go als eine Unfallursache für Ablenkungen während der Fahrt (Ayers et al., 2016).

Das Spiel Pokémon Go ist nicht das einzige praktische Beispiel für den Verlust der Aufmerksamkeit und die Ablehnung von der realen Umgebung durch die AR. In dem Unterkapitel 5.6.3 wird das Anwendungsbeispiel von der Implementation der Augmented Reality direkt in den Fahrprozess mit einem Auto unter dem Einsatz von Head-Up-Displays präsentiert. Dadurch ergeben sich zahlreiche Vorteile, die ein Fahrer nutzen kann, um den Fahrprozess zu erleichtern. Anderseits kann ein blindes Vertrauen in die innovative Technologie, laut Rusch et al. sowie Schall et al., ebenfalls zu Unfällen führen kann. Eigene körperliche Einschränkungen und eventuelle sporadische Fehler in Systemen sollten sowohl von Fahrern als auch von Entwicklern immer in Kauf genommen werden. Denn ein fahrlässiges Verhalten kann menschliches Leben kosten (Rusch et al., 2013; Schall et al., 2013).

Wissenschaftliche Mitarbeiter der *Paul G. Allen School of Computer Science & Engineering* behaupten, dass der immersive Charakter von AR-Anwendungen ernsthafte Bedenken hinsichtlich der Sicherheit der Anwender und ihrer Umgebung aufwirft. Kiron Lebeck und seine Kollegen fokussieren sich aber in ihrer wissenschaftlichen Analyse auf manipulierte oder fehlerhafte AR-HUD-Ausgaben und die damit verbundenen Risiken. Als Beispiel könnte eine AR-Windschutzscheibenanwendung absichtlich oder versehentlich entgegenkommende Fahrzeuge oder sicherheitskritische Ausgaben anderer AR-Anwendungen verdecken. In ihrer Arbeit entwarfen die Wissenschaftler *Arya*, eine AR-Plattform, die die AR-Ausgaben ansteuert und damit alle möglichen Verdeckungsvariationen ausprobiert. Auf diese Weise werden zahlreiche Herausforderungen bezüglich der Überlagerungen bei den AR-Ausgaben identifiziert und überwunden. Das Team war eines der ersten, die Sicherheitsprobleme bei den AR-Ausgaben thematisierte, die Durchführbarkeit der Umsetzung eines Regelwerks zur Bewältigung von AR-Sicherheitsproblemen demonstrierte und legte gleichzeitig die Empfehlungen für zukünftige Entwicklungen im AR-Sicherheitsbereich fest (Lebeck et al., 2017).

5.2.4 Neue Möglichkeiten für die Kriminalität

Datenschutzexpertin Ute Bernhardt sagt einen möglichen Anstieg der Kriminalitätsrate durch die Verwendung von AR-fähigen Devices wie Datenbrillen und Smartphones voraus. Sie schreibt, dass die Datenbrille z.B. auch für untrainierte Einbrecher als Unterstützung dienen kann, um sicherheitstechnisch gut geschützte Objekte zu deaktivieren und zu überwinden. Durch technische Eigenschaften dieser Geräte können Kriminelle auch aus der Ferne von ihren Komplizen unterstützt werden. Diese Tatsache eröffnet für kriminelle Organisationen ganz neue Perspektiven (Bernhardt, 2016, pp. 10–12).

Laut Bernhard kann die AR-Technologie auch für terroristische Angriffe genutzt werden, die meistens bis zur Einzelheiten und über längere Zeit geplant und organisiert werden. AR-Datenbrillen erleichtern und optimieren die Koordination von Kriminellen, während beispielsweise während der Überfälle und können ihnen in schwierigsten Situationen assistieren. Des Weiteren schreibt Ute Bernhardt, dass Datenbrillen von organisierten Kriminellen als Instrumente explizit dazu genutzt werden können, um kriminelle Aktivitäten an realen Orten virtuell durchzuspielen oder die Realität in einer Trainingsumgebung nachzubilden, mit dem Ziel sich besser auf eine unerwartete und risikoreiche Situation vorzubereiten (Bernhardt, 2016, pp. 10–12).

Ein praktisches Beispiel auf diesem Gebiet beschreiben Dr. Robert J. Bunker, ein Wissenschaftler und Theoretiker für nationale Sicherheit, zusammen mit Alma Keshavarz, einer Doktorandin in Politikwissenschaft an der Claremont Graduate University. Die Autoren schreiben über eine IS-Terrorgruppe, die für ihre Angriffszwecke ferngesteuerte, automatisierte und technisch hoch ausgestattete Fahrzeuge, Kanonen und andere Anschlagwerkzeugen einsetzt (Bunker & Keshavarz, 2016). Aus diesen Gründen vermutet Bernhardt, dass viele Gewalttäter und Kriminelle über ausreichende IT-Kenntnisse für die Verwendung von AR-Werkzeugen für ihre Aktivitäten verfügen (Bernhardt, 2016, p. 12).

5.3 Gesellschaftliche Antipathie und Ablehnung

Nach der Auswertung der sozialen Erkenntnisse und Erfahrungsberichte von Sozialforschern bezüglich der AR-Technologie mit dem Einsatz der Datenbrillen, kommt Thomas Schwenke in seiner Arbeit zu dem Ergebnis, dass Datenbrillenträger von der Gesellschaft oft als *Cyborgs* angesehen werden (Schwenke, 2016, p. 60). So wird ein Lebewesen, das technisch ergänzt oder erweitert ist, im Gabler Wirtschaftslexikon als ein Cyborg bezeichnet. Dadurch ist ein Cyborg eine Entwicklungsrichtung des *Human Enhancement*, das als Erweiterung menschlicher Möglichkeiten, Erhöhung menschlicher Leistungsfähigkeit, Verbesserung und Optimierung des Menschen bezeichnet wird. Laut Prof. Dr. Oliver Bendel für Wirtschaftsinformatik, Wirtschaftsethik, Informationsethik und Maschinenethik, ist ein Cyborg ein vernetztes Informationssystem, in dem Mensch und Maschine verbunden sind, wodurch Defizite ausschließlich maschineller Roboter, wie z.B. das fehlende Bewusstsein, vervollständigt und überholt werden (Bendel, 2018).

In ihrer Arbeit befürchten Hein et al., dass die allgegenwärtige Möglichkeit, schnell selbstständig diverse Informationen zu erhalten sowie die durch die AR ständig vorhandenen mobilen Beschäftigungen die Anzahl an zwischenmenschlichen Interaktionen minimieren, wodurch auch das soziale Zusammenhalt abgeschwächt wird. Durch die Einblendung von AR-Zusatzinhalten können Nutzer, laut den Autoren, von Gefahren und Geschehnissen der realen Welt abgelenkt werden.

Des Weiteren kann AR durch die künstliche Intelligenz die Notwendigkeit für das eigenständige Denken verringern, wodurch die Wahrnehmung der realen Welt abgestumpft wird (Hein et al., 2017).

Dr. Thomas Schwenke betont, dass AR-fähige Datenbrille aufgrund ihrer Charakteristik als ubiquitärer Begleiter ihren Anwendern die Eigenschaften von Cyborgs verleihen. Nach seiner wissenschaftlichen Analyse kommt Schwenke zum Ergebnis, dass der Begriff Cyborg in der Gesellschaft oft Ängste und Unbehagen erweckt, die aufgrund der Verschmelzung der Grenzen zwischen menschlichem Organismus und der Technik hervorgerufen werden. Diese negativen Gefühle können die Akzeptanz von AR-fähigen Geräte sowie ihren Trägern in der Öffentlichkeit reduzieren. Des Weiteren schreibt Schwenke über das Empfinden des Gefühls der Unterlegenheit, die als Reaktion auf Datenbrillenträger in der Öffentlichkeit hervorgerufen wird. Dieses Gefühl kann dadurch erweckt werden, dass die Personen, die sich in der Umgebung von Datenbrillenträgern befinden, als „gewöhnliche Sterbliche" unter einer „ganz anderen Klasse von superverbundenen Menschen" fühlen können (Schwenke, 2016, pp. 61–69). Bereits im Jahr 2014 beschrieb Pete Pachal in einer Nachrichten-Website *Mashable* ein praktisches Beispiel für Antipathie gegenüber den AR-Datenbrillenträgern. Laut seinem Bericht wurde eine Google Glass Nutzerin beim Besuch eines Lokals mit offener Ablehnung, Wutausdrücken und physischen Angriffen von Lokalgästen konfrontiert. Sobald sie diesen Vorfall als Nachweis mit Google Glass aufnehmen wollte, waren Lokalbesucher bereit ihr Gerät mit Gewalt abzunehmen (Pachal, 2014).

5.4 Verbesserungswürdiger Tragekomfort

In ihrer wissenschaftlichen Arbeit beschreiben Michael Spitzer und Martin Ebner praktische Erfahrungen bei der Integration der Datenbrille in die Lernumgebung für Industriezwecke, insbesondere für die Freihandmontage. Als Analyseobjekt wurde die AR-Datenbrille des Technologieunternehmens *Recon Instruments* herangezogen, das sich auf die Produktion von Datenbrillen und tragbaren Displays spezialisiert. Die praktische Untersuchung des AR-Devices hat mehrere Probleme bei dem Einsatz identifiziert. Darunter dokumentieren Spitzer und Ebner, dass die Datenbrille, die mit dunklen Gläsern ausgestattet ist, wie z.B. *ReconJet*, hauptsächlich für Aktivitäten im Freien wie beispielsweise Sport entwickelt wurde und sich für die Arbeit, die das Fingerspitzengefühl erfordert, schlecht eignet (Spitzer & Ebner, 2017).

Beim Verwenden der Datenbrillen haben die Autoren mehrere wesentlichen Problemen herauskristallisiert. Darunter zählen relativ hohe Wärmeentwicklung beim Tragen der Datenbrillen sowie ihre relativ geringe Akkulaufzeit. Diese Probleme sind laut beiden Wissenschaftlern auf den begrenzten Platz für Hardware bei AR-Datenbrillen zurückzuführen. Die gewonnenen Resultate sind größtenteils von dem untersuchten Datenbrillentyp abhängig. Die Wissenschaftler gehen aber davon aus, dass die meisten Erkenntnisse ebenso auf andere Datenbrillen-Modelle übertragen werden können, die ein ähnliches Grundkonzept wie die getesteten Datenbrillen aufweisen (Spitzer & Ebner, 2017).

Alexander Stocker et al. haben einige empirische Studien durchgeführt, um das Anwendungspotential und die Akzeptanz von Datenbrillen im Kontext der „Industrie 4.0" zu überprüfen. Dabei wurden 147 Probanden zur Evaluierung herangezogen. Die quantitative Evaluierung hat gezeigt, dass die Einarbeitungszeit für das Bedienen der Datenbrille durch Tasten- sowie Gestensteuerung kürzer ist und Sprachsteuerung länger dauert als es von den Wissenschaftlern erwartet wurde. Des Weiteren dokumentieren sie die Herausforderungen bei Probanden insbesondere bei der Nutzung der Sprachsteuerungsfunktion. Die qualitative Evaluierung hat gezeigt, dass viele Probanden eine bestimmte Datenbrille wie z.B. *Vuzix M100* unkomfortabel fanden und wegen mangelnder Sprach- und Gestenerkennung mit AR-Devices unzufrieden waren. Zusammenfassend kommen die Autoren zum Ergebnis, dass die AR-fähigen Datenbrillen bezüglich der Ergonomie der Hardware, also Tragekomfort und Displaydarstellung, ein Verbesserungspotential aufweisen, um höhere Akzeptanz vom Endbenutzer zu finden (Stocker et al., 2016).

5.5 Zahlen und Fakten

In diesem Unterkapitel werden Prognosen von Marktforschern und Marktanalytikern aus drei Unternehmen herangezogen: Digi-Capital, International Data Corporation und Credit Suisse. Diese Prognosen werden von Marktforschungs-, Beratungs- und Finanzdienstleistungsunternehmen bezüglich des Marktwachstums und Marktumsatzes von AR und VR untersucht und zusammengefasst.

Experten und Gründer des Unternehmens *Digi-Capital* fokussieren sich auf die Beratung der marktführenden Firmen für Mergers & Acquisitions aus den Bereichen Games, Augmented und Virtual Reality. Das Unternehmen Digi-Capital analysiert jährlich den Einsatz von AR-und VR-Technologien in mehreren Industriegebieten und veröffentlicht seine Erkenntnisse in einem Bericht. In der aktuellen

Marktanalyse und Prognose antizipiert das Unternehmen eine mögliche Wachstumsentwicklung und Verteilung des Umsatzes, der durch den Einsatz der Augmented Reality erbracht wurde, in diversen Anwendungsbereichen zwischen den Jahren 2017 und 2022 (siehe Abbildung 42). Des Weiteren prognostizieren die Marktforscher von Digi-Capital, dass die AR-Technologien innerhalb der besagten fünf Jahren einen Umsatz zwischen 85 und 90 Milliarden US-Dollar erreichen können (Digi-Capital, 2018).

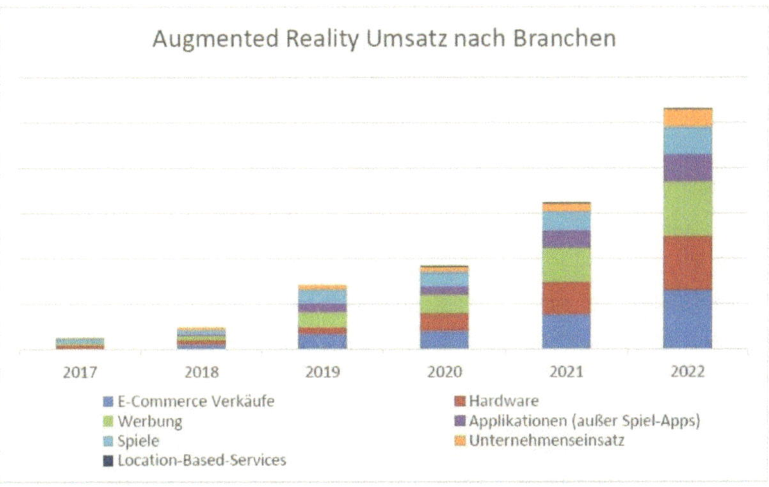

Abbildung 42: AR Umsatzanteile unterschiedlichen Wirtschaftsbranchen (in Anlehnung an: Digi-Capital, 2018)

Laut Experten von Digi-Capital waren mobile AR-Apps in den ersten Monaten die Hauptverdienstquelle von bestehenden Plattformen. Jedoch führen zunehmende Skalierbarkeit, Flexibilität und Mobilität von AR zu einer Explosion von neuen Anwendungsfällen und Geschäftsmodellen dieser Technologie auch in anderen Branchen. Die Analytiker vermuten, dass E-Commerce-Verkäufe zu einem der größten Umsatztreiber für die AR werden könnte. Als Beispiel für diese Vermutung führen Experten ein Online- und Mobile-Commerce-Unternehmen sowie die Handelsplattform *Alibaba Group Holding Ltd.* an. Dieses Unternehmen ist einer der führenden Investoren in *Magic Leap*, eine Firma, die sich unter anderem auf die Entwicklung von AR-Apps und AR/VR-HMDs spezialisiert. Des Weiteren prognostizieren Digi-Capital Marktforscher, dass falls Apple Smartglasses einführt, die Vermarktung von der AR-Hardware zur zweitgrößten Umsatzquelle von erweiterter Realität werden könnte. Digi-Capital Markanalytiker antizipieren in anderen Marktbereichen wie z.B. Werbung, Applikationen, Unternehmensanwendungen und Location-Based-Services ebenfalls eine kontinuierliche technische Weiterentwicklung der AR sowohl durch Smartglasses als auch durch mobile AR-Apps und die daraus resultierende Umsatzschöpfung der Investoren und Entwicklerfirmen (Digi-Capital, 2018).

Anschließend fasste Tim Merel, Managing Director und Gründer von Digi-Capital die wichtigsten Erkenntnisse seiner Marktforscher zusammen: "We've also said that AR/VR is the fourth wave of consumer technology, and that AR could be bigger than VR. That looks like how things might pan out, but we're still only at the start of what that wave could become – 2018 isn't the "year of AR/VR" yet. While fellow surfers know that picking (and riding) big waves isn't without risk, when you get it right there's little better. So for the patient and brave, it's going to be a wild ride" (Digi-Capital, 2018).

Neben Digi-Capital stellte im November 2017 *International Data Corporation*, kurz *IDC*, ein international tätiges Marktforschungs- und Beratungsunternehmen auf dem Gebiet der Informationstechnologie und Telekommunikation, eine Prognose hinsichtlich des Marktwachstums von VR und AR auf. Die Marktforscher von IDC prognostizieren in ihrer Marktanalyse für das Jahr 2018 einen Anstieg der weltweiten Ausgaben für Augmented Reality und Virtual Reality auf knapp 95 Prozent. Laut IDC können AR/VR Ausgaben im besagten Jahr weltweit 17,8 Milliarden US-Dollar erreichen. Der Konsumentensektor wird mit fast 40 Prozent des Gesamtumsatzes an Verkäufen von AR und VR-Produkten und -Dienstleistungen weiterhin eine relativ große Einnahmequelle in diesem Sektor bleiben. Fast drei Viertel davon werden für VR-Hardware und -Software verwendet, während die AR-Ausgaben von Software-Käufen dominiert werden. Laut IDC Marktanalytiker werden die kommerziellen Sektoren im Jahr 2018 mehr als 60 Prozent der AR/VR-Ausgaben ausmachen und im Jahr 2021 auf mehr als 85 Prozent des weltweiten Gesamtumsatzes auf diesem Gebiet anwachsen (Shirer & Torchia, 2017).

Marcus Torchia, Forschungsleiter von IDC, äußerte sich bezüglich Entwicklung der AR und VR Hard- und Software wie folgt: „There are a lot of opportunities here to develop commercial-grade hardware and applications that meet the needs of these industries. Meanwhile, phone-based AR is likely to garner most of the excitement for the near term and many companies are already experimenting with AR apps and services. Some of these will be useful, many won't be, but over the course of the next 12–18 months, we should start to see developers beginning to grasp the potential of AR" (Shirer & Torchia, 2017).

Des Weiteren prognostizierte die *Credit Suisse Group AG*, eines der größten global tätigen Finanzdienstleistungsunternehmen, im Jahr 2017 positive Wachstums-perspektiven für den VR/AR-Markt bis 2025. Marktforscher des Finanzdienstleis-tungsunternehmens vermuten, dass der Markt für die VR/AR-Hardware und -Software die Größe des aktuellen Smartphone-Marktes erreichen könnte. Laut Credit Suisse-Experten wird der VR/AR-Markt bis 2025 auf 600-700 Mrd. US Dollar anwachsen. Die Abbildung 43 stellt die Prognose von Credit Suisse- und Gartner-Marktforschern dar (Neumann, 2017).

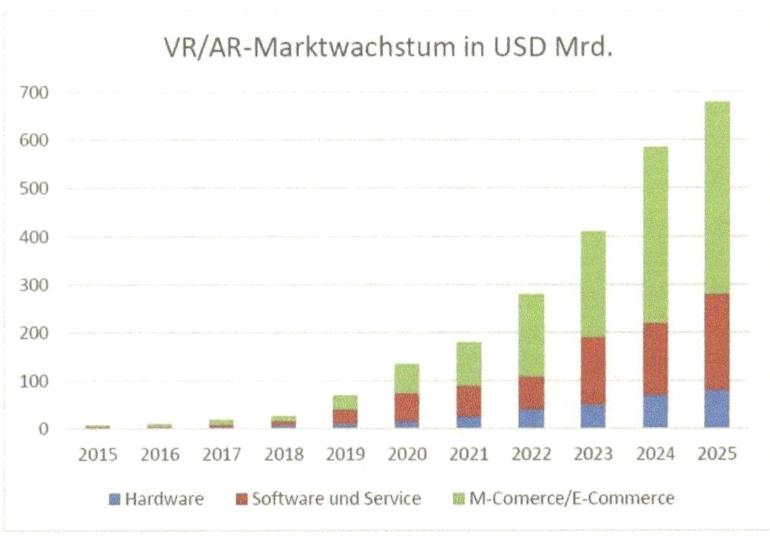

Abbildung 43: Prognose des VR/AR-Marktwachstums von Credit Suisse und Gartner (in Anlehnung an: Neumann, 2017)

Nach Einschätzungen von Credit Suisse, werden sich die Technologien hauptsäch-lich in den Bereichen Hardware, Software und Service sowie M- und E-Commerce etablieren. Dabei stellen die M- und die E-Commerce die Haupteinnahmequellen auf diesem Gebiet dar. Die sinkenden Preise für die VR/AR-fähige Hardware könn-ten, laut Credit Suisse, für die Verbreitung dieser Technologien ebenfalls sorgen. In seinem Bericht schreibt Uwe Neumann, Senior Marktanalyst bei Credit Suisse, dass die VR/AR-Technologie demnächst über die Zielgruppen der Technologie- und Gaming-Begeisterter hinausgeht und sich mehr in solche Bereiche wie Kon-sumanwendungen und Fertigung implementieren wird. In Kooperation mit dem

Unternehmen *Gartner*, das Marktforschungsergebnisse und Analysen über die Entwicklungen in der IT-Branche bereitstellt, stellten die Marktforscher von Credit Suisse Entwicklungs- und Investitionsrichtungen der Virtual und Augmented Reality für den Absatzmarkt auf (Neumann, 2017). Tabelle 1 präsentiert ihre Ergebnisse.

2015-2018	2018–2023	2023–2030
Fokus auf Spiele (VR)	Fokus auf Interaktion (VR/AR)	Fokus auf Handel (VR/AR)
große VR-Brillen PC Videospiele Laufband	kleine Brillen Beginn von AR Hologramme Handschuhe	in den Alltag integrierte VR Hauskauf, Einkaufen usw. Massenmarkt
Potenzielle Marktgröße: USD 8 Mrd.	Potenzielle Marktgröße: USD 68 Mrd.	Potenzielle Marktgröße: USD 600 Mrd.

Tabelle 1: Zielmarkt der Virtual und Augmented Reality nach Analyse von Credit Suisse und Gartner (in Anlehnung an: TraderFox, 2017)

Nach Auswertungen und Prognosen der Credit Suisse und Gartner Marktforscher befindet sich die Gesellschaft in einer Wandlung bezüglich des Einsatzes der VR/AR-Technologien. In Konsumentenbereich wurden zunächst hauptsächlich die VR-Spielanwendungen sowie dazugehörige Hardware nachgefragt. Aktuell dringen AR-Entwicklungen immer stärker auf den Absatzmarkt ein. VR- und AR-Anwendungen integrieren sich noch stärker in den Konsumentenalltag. Vor allem die AR soll laut Experten in den nächsten fünf Jahren aufblühen. Anschließend sollen die beiden Technologien den Handelssektor erobern. Durch kontinuierlich steigende Nachfrage nach VR/AR-Technologien wird eine rapide Steigerung ihres Marktanteils sowie des resultierenden Umsatzes durch ihre Vermarktung antizipiert (Neumann, 2017; TraderFox, 2017). Des Weiteren betont Uwe Neumann, dass die Verwendung von VR sowie AR im Bereich Bildung zunehmen wird. Diese Technologien können Bildungsdurstige mit interaktiven und bereichernden Lernerfahrungen unterstützen und aufkommenden Start-ups in diesem Bereich neue Möglichkeiten eröffnen (Neumann, 2017).

5.6 Künftige Projekte

In diesem Unterkapitel werden Einblicke in einige der zukünftigen Entwicklungen und Projekte bezüglich Augmented Reality verschafft. Die Arbeit konzentriert sich auf vier in Medien häufig vorkommende AR-Anwendungsfelder. Dabei fokussieren sich die nachfolgenden Anwendungsfälle auf die Projekte, die sich zum Zeitpunkt der Arbeiterstellung in der Entwicklungs- bzw. Forschungsphase befinden.

5.6.1 AR-Beamer Projektion

Ein Beispiel für ein künftiges Projekt stellt das Unternehmen *Lightform, Inc.* vor, das die reale Umgebung mittels eines Beamers erweitert. Eine 3D eingebaute Kamera scannt die Umgebung und legt darüber ein hochaufgelöstes digitales Raster, das sich an die Oberflächenstruktur anpasst, damit augmentierte Objekte an die entsprechende Perspektive projiziert werden. Diese Technologie wird als „*Projektion Mapping*" genannt. Die 3D-Kamera von Lightform synchronisiert sich mit dem Beamer und projiziert erweiterte Objekte flach an die reale Umgebung. Die Entwicklung des Lightforms kann in mehreren Anwendungsfällen verwendet werden. Auf der eigenen Homepage zeigt das Unternehmen ein Video, in dem es zum Beispiel die Speisekarte eines Restaurants mittels AR projiziert werden kann (siehe Abbildung 44). Die Technologie erlaubt eine neue Ebene der Produktgestaltung und -präsentation (Lightform, 2017). Auf der *TechCrunch*, einem der weltweit führenden Online-Nachrichtenportale für Technologie- und Internet-Unternehmen, berichtet Lucas Matney über eine Vielzahl von Neuigkeiten von Start-ups und öffentlichen Unternehmen, die sich auf Augmented und Virtual Reality fokussieren. Laut Matney führt Lightform derzeit mit ausgewählten Partnern den Alpha-Test dieser Technologie durch, die bereits im Jahr 2018 bestellt werden kann (Lightform, 2017; Matney, 2017).

Abbildung 44: AR Beamer-Projektionen von Lightform auf Menütafel und Vase (Lightform, 2017)

5.6.2 Aktuelle Entwicklungen von AR-Datenbrillen

Im Februar 2018 erstellte Lucas Matney einen Bericht über 15 erfolgreichste Unternehmen und Start-ups, die momentan an der Forschung und Entwicklung von AR-fähigen Smartglasses arbeiten (Matney, 2018). Nachfolgend werden drei beschriebenen Datenbrillen vorgestellt.

Unter den zukunftsprägenden AR-Produkten nennt der Autor solche wie z.B. *Vuzix Blade™* AR-Datenbrille von *VUZIX* (siehe Abbildung 45). Das Unternehmen integrierte Amazons intelligente Sprachassistenten Alexa in seine letzte Datenbrillenversion, die sowohl für Arbeit als auch für Freizeit entwickelt wurde. Im Vergleich zu anderen Smartglasses, sind die von *VUZIX* nicht so sperrig und daher auch leichter und komfortabler beim Tragen. Wegbeschreibungen, Wetteranzeigen, Veranstaltungsvorschläge, Videokonferenzen, Sport-Updates, Social-Feeds, Bio-Metriken und auch weitere Funktionen stellen für Vuzix Blade kein Hindernis (VUZIX, 2018). Laut Lucas Matney wird VUZIX im Sommer 2018 mit dem Verkauf der ersten AR-Brillen anfangen (Matney, 2018).

Des Weiteren zählt Matney *Magic Leap One* AR-Datenbrille von *Magic Leap, Inc.* auf. Im Vergleich zu anderen Datenbrillen handelt es sich bei Magic Leap One um eine Kombination aus einer AR-Brille, einem Mini-Rechner und einem Controller mit Touch-Feld für den Daumen, die dem Benutzer ein haptisches Gefühl geben kann (siehe Abbildung 45). Auf der eigenen Homepage stellt das Unternehmen mehrere Anwendungsszenarien für seine Innovation vor. Laut Magic Leap ist es zum Beispiel möglich einen Fernseherbildschirm dank der AR aufzuspannen, der ein TV-Programm und die zugehörigen erweiterten Inhalte anzeigt. Laut eigener

Webseite, wird das Unternehmen ebenfalls im Jahr 2018 seine Endkunden mit Magic Leap One beliefern (Magic Leap, 2018; Matney, 2018).

Abbildung 45: Links: Vuzix Blade AR-Datenbrille, rechts: Magic Leap One mit Anwendungsbeispiel auf dem mittleren Bild (Magic Leap, 2018; Matney, 2018)

Besondere Aufmerksamkeit schenken die Autoren von TechCrunch der AR-Datenbrille *Vaunt* von *Intel*, die im Januar 2018 von Intel auf der Consumer Electronics Show in Las Vegas präsentiert wurde. Technologieexperten von TechCrunch stufen die Entwicklung von Intel als die beste AR-Datenbrille unter allen, die heutzutage produziert wurden sein. Der Hauptunterschied zu anderen Konkurrenzprodukten auf diesem Gebiet besteht darin, dass die AR-Brille von Intel fast nicht von einer herkömmlichen Brille zu unterscheiden ist. Anstelle eines umständlichen Headsets mit einem speziellen Bildschirm, sind Intels Vaunt AR-Gläser mit einfachen Kunststoffrahmen ausgestattet. Die Brille von Intel wiegt weniger als 50 Gramm (siehe Abbildung 46) (Crook, 2018; Matney, 2018).

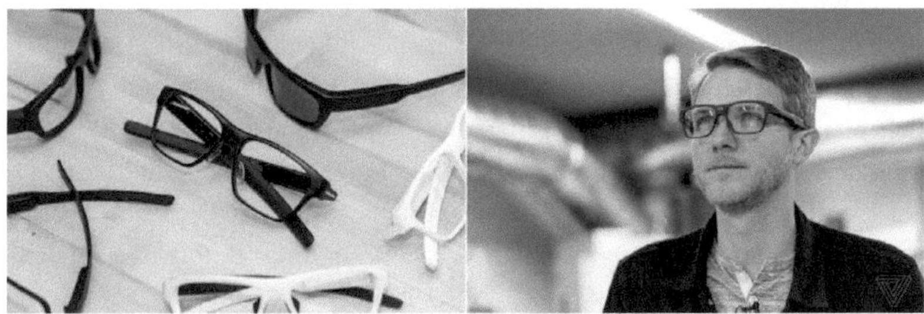

Abbildung 46: Smartglasses Vaunt von Intel (Pavic, 2018)

Nach Angaben des Technologieexperten von TechCrunch ist die Brille von Vaunt mit einem Bluetooth-Chip und Kompass ausgestattet, dagegen gibt es keine Kamera. Die Projektion von AR-Bildern erfolgt mittels eines Lasers, der die Bilder direkt in die Augen des Trägers einblendet. Die Datenbrille von Intel verfügt über eine breite Funktionalität, darunter jegliche Benachrichtigungen, Erinnerungen und kontextpassende Inhaltsvorschläge. Die ersten Vaunt Modelle werden mit Bewegungsgesten gesteuert, Intel plant aber bei zukünftigen Modellen den Einsatz von intelligenten Assistenten wie Alexa oder Siri. Dieses Projekt befindet sich laut TechCrunch Autoren in einem früheren Entwicklungsstadium, daher wird das Datum für die Markteinführung des Produktes von Intel noch nicht bekannt gegeben (Crook, 2018).

Dadurch, dass die AR-Brille von Intel ein geringes Gewicht aufweist und sich optisch nicht von herkömmlichen Leserbrillen unterscheidet, könnten gleichzeitig mehrere Risiken auf dem AR-Gebiet eliminiert werden. Zum einen wird durch ein geringes Brillengewicht die maximale Trageannehmlichkeit erreicht und somit das Risiko von Nacken-, und Kopfschmerzen, die in Unterkapitel 5.2.1 erläutert wird, minimiert. Zum anderen verbessert sich der Tragekomfort, der die Nachteile bezüglich mangelnder Bequemlichkeit der entsprechender AR-Devices eliminieren könnte (siehe Unterkapitel 5.4). Durch die optische Angleichung der Brille von Intel an die herkömmlichen Leserbrillen werden außerdem die gesellschaftliche Antipathie und die Ablehnung verhindert, die in Unterkapitel 5.3 näher erläutert wurden. Da Intel auf die Integration von Kameras in ihre neue AR-Brille verzichtet hat, bestehen durch den Einsatz von Brillen keine Risiken, die mit der Gefährdung der Privatsphäre und den Datenschutzverletzungen verbunden sind (siehe Unterkapitel 5.2.2).

Viele Online-Nachrichtenportale berichten über die sich derzeit in Entwicklung befindenden Smartglasses von Apple. Die Ankündigung der neuen Datenbrille von Apple wird in der nahen Zukunft vermutet. Laut Jeff Pu, Analyst bei einem chinesischen Mischkonzern *Yuanta Investment Consulting*, entwickelt Apple, eine AR-Brille, die zwischen 2019 und 2020 auf den Markt kommen soll. Zusätzlich hat sich Allen Horng, Vorstandsvorsitzender des Unternehmens *Catcher Technology Co. Ltd.*, das Apple mit leichten Metallteilen für Elektronikkomponenten versorgt, positiv über die AR-Geräte geäußert. Außerdem erwartet Horng größere Verkaufszahlen im ersten Quartal 2018, was auf die Entwicklung eines neuen Apple Geräts hindeutet. Da sowohl Apple CEO Tim Cook als die Geschäftspartner von Apple von AR überzeugt sind, gehen die Experten von der Entwicklung eines AR-fähigen Smartglasses aus. Da das Potential der AR-Technologie von den Führungskräften bereits erkannt wurde, sind die neusten iPhone-Modelle mit AR-fähigen Kameras ausgestattet (Cheng, 2017; Fingas, 2017).

Laut TechCrunch, hat Apple im Sommer 2017 eine kanadische Start-Up Firma auf dem Gebiet AR- und VR-Headsets *Vrvana* erworben. In der Vergangenheit hat

Vrvana bereits mit solchen Firmen wie Valve, Tesla, Audi und anderen zusammengearbeitet. Auf der offiziellen Homepage des Unternehmens wird nur ein Produkt demonstriert: ein Headset namens *Totem*, das sowohl für die AR- als auch für die VR-Anwendungen geeignet ist. Nach Expertenmeinungen von TechCrunch ist dieses Headset den anderen Headsets wie z.B. HoloLens weit überlegen, da Totem virtuelle Objekte als nicht durchsichtig und mit Echtfarben (*engl.* true color), also einer Farbpalette von etwa 16,78 Millionen Farben, darstellen kann. IT-Experten von TechCrunch schreiben, dass die schwarze Farbe problemlos dargestellt werden kann, während viele andere Headsets noch blasse Farben, keine Schwarz-Weiß-Darstellungen und durchsichtige virtuelle Objekte anzeigen. Nach Angaben zweier Berichtsquellen hat Apple 30 Millionen US-Dollar für die Übernahme des Unternehmens gezahlt (Matney & Lunden, 2017).

Großkonzerne, Technologieunternehmen und manche Start-up Firmen investieren Millionen in Forschung und Entwicklung neuer AR-Datenbrillen. Mittlerweile existieren diverse Entwürfe der künftigen Produkte. Welche davon unsere Zukunft prägen werden, bleibt abzuwarten. Die Ergebnisse dieser Projekte werden, laut den Expertenmeinungen, nicht lange auf sich warten lassen, sodass Technologie-Interessierte schon bald virtuelle und erweiterte Realitäten noch stärker in ihre Realität integrieren können.

5.6.3 Neue Möglichkeiten für die Automobilbranche

Laut Thomas Geiger, eröffnet erweiterte Realität in der Automobilbranche neue Perspektiven nicht nur für die Produktions- und Wartungszwecke. Er schreibt, dass die Reduzierung von Fahrfehlern mittels neuer Technologien dazu beitragen könnte, die Unfallrate drastisch zu reduzieren. Mit der rasanten Entwicklung der Automobiltechnologien wurden *Augmented-Reality-Head-Up-Displays*, kurz *AR-HUDs*, eingeführt und befinden sich, laut Geiger, derzeit in der Massenproduktion. Das Ziel dieser innovativen Entwicklung ist einem Fahrer Steuerung eines Fahrzeugs zu erleichtern und seine Konzentration dabei zu steigern. Dafür werden notwendige Informationen direkt an der Windschutzscheibe eines Fahrgestells in Blickrichtung des Fahrers angezeigt. Der Journalist schreibt, dass für die Projizierung augmentierter Daten und Informationen heutzutage aktiv an der Entwicklung und Optimierung diversen AR-HUDs gearbeitet wird (Geiger, 2017).

2017 interviewte Thomas Geiger für seinen Artikel mehrere Sprecher aus der Automobilindustrie. Darunter den VW-Sprecher, Christian Buhlmann, und den leitender Continental-Experten, Guido Meier-Arendt. Buhlmann betonte, dass durch die Projizierung wichtiger Informationen und Daten direkt ins Blickfeld des Fahrers in der Automobilbranche eine neue Ebene des Fahrens erreicht wird, die auf die Minimierung der Ablenkungen abzielt. Laut Meier-Arendt können neue Systeme gerade in anspruchsvollen Verkehrssituationen den Fahrer unterstützen und ihm eine bessere Kontrolle über das Verkehrsgeschehen ermöglichen. Der Continental-Experte verdeutlicht, dass bei hoher Fahrgeschwindigkeit, bei der ein Fahrer in einer Sekunde bereits Dutzende Meter zurücklegt, diese Technologie insbesondere ihren Nutzen entfalten wird (Geiger, 2017).

Die Entwicklung eines AR-HUDs wird meistens, laut Thomas Geiger, mit hohen finanziellen Kosten sowohl für Automobilhersteller als auch für potenzielle Kundschaft begleitet. Deswegen war der Einsatz von AR-Technologien sowie Entwicklungen für AR-HUDs, laut dem Autor, für preisniedrige Fahrzeugklassen lange nicht möglich. Jedoch hat der japanische Elektronikkonzern *Panasonic* seine neue Systemgeneration der AR-Displays in einem Prototyp-Automodell *Renault Twizy* verbaut (siehe Abbildung 47). Bedingt durch wenig Raum für herkömmliche Anzeigeelemente wie Tachometer und Navigation werden diese Informationen auf dem AR-HUD des Fahrzeugs projiziert (Panasonic Automotive Systems Europe GmbH, 2018). Andreas Heitmann, Vizepräsident der Business Unit Infotainment bei Panasonic Automotive, äußerte sich in einem Interview mit Geiger wie folgt: „Denn die Weiterentwicklung ist so leistungsstark, dass wir auf die Instrumente verzichten können" (Geiger, 2017). Damit betonte der Vizepräsident den aktuellen Entwicklungsfortschritt auf dem Gebiet und die damit verbundenes Kostenersparnis. Seiner Meinung nach sind die Forscher bald so weit, dass ein Kleinwagen mit Head-up-Display bald billiger sein könnte, als einer mit normalen Armaturen (Geiger, 2017).

Abbildung 47: Blick auf Cockpit eines Renault Twizy mit eingebautem AR-HUD (Hope, 2017; Panasonic Automotive Systems Europe GmbH, 2018)

In seinem Beitrag schreibt Wayne Cunningham, auf der Webseite des Unternehmens für Mediennachrichten – *CBS Interactive Inc.*, dass sich auf der Messe für Unterhaltungsindustrie Consumer Electronics Show (CES) 2017 in Las Vegas drei Firmen der Automobilzulieferbranche präsentiert haben. Darunter *Harman*, *Continental* und *Visteon*, die, laut Cunningham, in der Lage sind AR-Konzepte für Autos zu entwickeln, die die Sicherheit erheblich erhöhen könnten. Dies geschieht, indem sie Warnungen und Umweltinformationen direkt auf der Windschutzscheibe oder auf der Verkehrsabbildung auf einem im Auto verbauten Display projizieren. Diese Bilder dienen nicht direkt zur Eliminierung von Ablenkungen während der Fahrt, sondern dazu, Objekte rund um das Auto hervorzuheben (siehe Abbildung 48). Dadurch soll der Fahrer, laut Cunningham, auf potenzielle Gefahren besser vorbereitet werden und kann entsprechend früher reagieren, wodurch die Unfallquote fallen wird (Cunningham, 2017).

Abbildung 48: Navigation, Verkehrszeichen sowie Hervorhebungen durch AR-HUD (Cunningham, 2017)

Des Weiteren stellte Cunningham das AR-Ausstellungsprodukt von *Harman International Industries*, einem internationalen Elektronikhersteller, in seinem Beitrag vor. Diese AR-basierte Entwicklung wurde unter dem Namen *Life-Enhancing Intelligent Vehicle Solution*, abgekürzt *LIVS*, präsentiert. Die Präsentation des *LIVS* erfolgte auf einem großen Display, das in einem Armaturenbrett eingebaut wurde. Auf diesem Display wurde eine Simulation eines Straßenverkehrs angezeigt. Dabei werden außer der Navigation solche Informationen wie Abstand zu anderen Autos, deren Geschwindigkeit, Verkehrszeichen sowie potenzielle Gefahren angezeigt (siehe Abbildung 49). Diese Informationen werden aus mehreren Kameras, die ein 360-Grad-Sichtfeld ermöglichen, gewonnen und verarbeitet. Das LIVS System verfügt, laut Cunningham, über ein GPS-Modul sowie einen Mikrocontroller mit Schnittstellen für mobile Kommunikation, wodurch Telefon- und Internetverbindung auch während der Fahrt ermöglicht wird. Nach Angaben der Harmanns Homepage arbeiten seine Entwickler an der Projektion des LIVS Systems auf einem AR-HUD, um den Fahrer künftig das Ablesen der Informationen zu erleichtern (Cunningham, 2017; Shewchuk, 2017).

Abbildung 49: AR-Einblendungen auf LIVS Display von Harman International Industries (Fuchslocher, 2017)

Cunnigham schreibt, dass der führende deutsche Konzern in der Automobilzulieferbranche – *Continental* sich auf die Projektionstechnologie für die Realisierung von AR-Lösungen spezifiziert. Dafür ging der Konzern die Partnerschaft mit der Firma *DigiLens* ein, die sich auf die Erstellung von diversen AR-HUDs für Flugzeuge, Autos, Motorräder und Brillen konzentriert. DigiLens arbeitet in Kooperation mit Continental an der Entwicklung eines Prototyps für kompakte Projektoren mit hochauflösenden Anzeigen. Laut Cunningham sind die beiden Firmen im Stande mit dieser Technologie einen größeren Bereich im Vergleich zu Konkurrenz für AR-Einblendungen auf Windschutzscheiben zu umfassen (siehe Abbildung 50). Laut Cunnigham sowie den Homepages von Continental und DigiLens können mehr nützliche Umgebungsinformationen für den Fahrer projiziert werden (Continental Automotive GmbH, 2018; Cunningham, 2017; DigiLens Inc., 2018a).

Abbildung 50: Einsatz von DigiLens Projektor (Cunningham, 2017)

Des Weiteren präsentiert Wayne Cunningham einen US-amerikanischen Automobilzulieferer – *Visteon,* der auf der CES ein sensorgesteuertes AR-HUD demonstrierte, das AR-Elemente auf der Windschutzscheibe einblendete. In einem simulierten Fahrbeispiel umrandete das System farbig andere Autos auf der Straße, wodurch mögliche Gefahren für den Fahrer verdeutlicht wurden. Die farbkodierten Umrisse zeigten, laut dem Bericht von den Visteon-Unternehmensexperten, dem Fahrer Hilfsinformationen wie beispielsweise eine rote Farbe bei einem bremsenden Auto an. Laut Visteon Nachrichten auf der eigenen Homepage ist das System auch im Stande Fußgänger auf der Straße zu markieren. Des Weiteren können Einblendungen eine große Fläche auf der Windschutzscheibe ausnutzen und mit gutem farblichen Kontrast punkten, wodurch die Steuerung bei schlechteren Sichtverhältnissen erleichtert wird. Fisher und Christensen, Leiter der Unternehmenskommunikation in Visteon, berichten auf der Visteon Webseite, dass das Unternehmen bereits mehrere Verträge abgeschlossen hat. Sie geben ferner an, dass die Firma über einen Million AR-HUDs an Autohersteller für künftige Fahrzeuge ausgeliefert hat (Cunningham, 2017; Fisher & Christensen, 2018; Tuzar & Laack, 2016).

Laut Rusch et al. und Schall et al. zeigen frühere Studien, dass Fahrer durch AR-HUDs effektiv unterstützt werden. Diese Technologie weist Fahrer auf die Einhaltung der Regeln und Vorschriften im Straßenverkehr und erleichtert Navigation, da die nötigen Informationen direkt auf der Windschutzscheibe angezeigt werden. Darüber hinaus erhöhen AR-HUDs Aufmerksamkeit des Fahrers und helfen bei der Erkennung von Gefahren. Bei den älteren Fahrern kann diese Technologie altersbedingte Einschränkungen wie etwa langsameres Reaktionsvermögen kompensieren (Rusch et al., 2013; Schall et al., 2013).

Laut Thomas Geiger haben sich AR-Technologien in der Automobilbrache insbesondere in Form von AR-HUDs etabliert. Diese unterstützen den Fahrer nicht nur bie der Navigation, sondern zeigen nützliche Informationen in seinem Umfeld an und weisen auf potenzielle Gefahren hin. Eine weitere nützliche Eigenschaft, laut Geiger, ist die Realisierung von gesten- und sprachbasierter Steuerung für mobile Telekommunikation, die ebenfalls die Ablenkungsgefahr minimiert. Thomas Geiger betont, dass die rasante Entwicklung von AR-HUDs der letzten Jahre die Beschaffungs- und Entwicklungskosten von AR-HUDs kontinuierlich sinkt. Bei Automodellen mit relativ geringen Abmaßen wie z.B. bei einem Renault Twizy ist der Einbau klassischer Armaturenbretter beschränkt oder gar nicht möglich (Geiger, 2017).

Laut TechCrunch wird Augmented Reality nicht nur Autofahrer durch AR-HUDs unterstützen, sondern auch Bikern helfen. Das Unternehmen *LiveMap* ist ein Technologieunternehmen, das sich auf die Produktion von Hightech-Motorradhelme mit eingebauten Navigationssystemen spezialisiert. Das Unternehmen entwickelt heutzutage einen Augmented Reality-Motorradhelm und hat, laut TechChrunch, auf der Consumer Electric Show im Januar 2018 bereits einen funktionierenden Prototyp präsentiert. Die aktuelle Version des Helms verfügt über einen kleinen transparenten am Visier montierten Bildschirm. Ein kleiner Projektor ist im Kinn des Helmes eingebaut. Matt Burns, leitender Redakteur bei TechCrunch schreibt, dass die Software augmentierte Richtungspfeile, Karten und Benachrichtigungen auf den Bildschirm projiziert. In der endgültigen Version wird es aber direkt auf das Visier eingeblendet. Abbildung 51 stellt die Entwicklung von LiveMap dar und demonstriert den AR-Motorradhelm in der Anwendung (Burns, 2018; LiveMap, 2018).

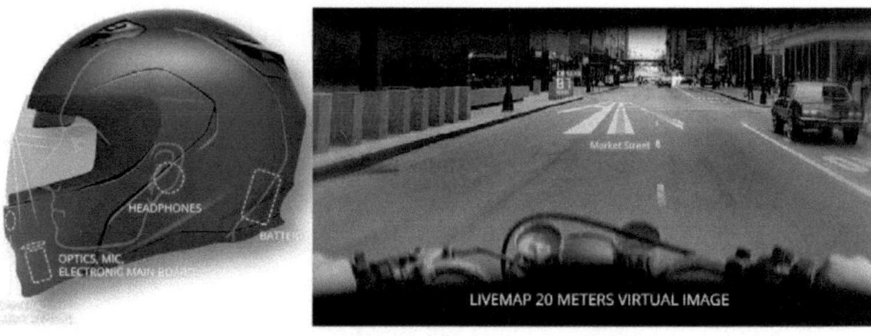

Abbildung 51: AR-Motorradhelm von LiveMap (LiveMap, 2018)

In einem Interview mit TechCrunch auf der CES 2018 sagte Andrew Artishchev, Gründer von LiveMap, dass seine Firma bereit ist, den Helm für den Einsatz in Amerika zu zertifizieren und mit der Produktion zu beginnen. Er besteht darauf, dass sein Unternehmen über die richtige Struktur und das Management verfügt, um LiveMap auf dem US-Markt im zweiten Quartal 2018 einzuführen (Burns, 2018). Laut Matt Burns und Berichten auf den Webseiten von DigiLens und *Skully Technologies* ist LiveMap nicht die einzige Firma, die es versucht einen Augmented Reality Helm zu produzieren. Andere wie Skully und BMW arbeiten auch an der Entwicklung solcher Helme, ihre Entwicklungen sind aber noch nicht für den Übergang zur Massenproduktion reif (Burns, 2018; DigiLens Inc., 2018b; Skully Technologies, 2018).

5.6.4 Intelligente Kontaktlinsen

Laut Artikel von Babak A. Parviz, „Augmented Reality in a Contact Lens", wurden bereits im Jahr 2009 die Forschungsergebnisse der University of Washington zu den intelligenten Kontaktlinsen (*engl.* Smart Contact Lens) veröffentlicht (siehe Unterkapitel 3.1.2). Zusammen mit seinen Studenten entwickelte der Bio-Nano-Technologieexperte Babak A. Parviz Augmented Reality Kontaktlinsen, die in ihrer Arbeit „A Fully Integrated RF-Powered Contact Lens With a Single Element Display" im Jahr 2010 präsentiert wurden (Parviz, 2009; Parviz et al., 2010).

Laut Babak A. Parviz sind herkömmliche Kontaktlinsen relativ kleine transparente Kunststoffkörper, die eine spezifischen Formen haben, um Fehlsichtigkeit des Trägers zu korrigieren. Um eine solche Kontaktlinse zu einem funktionalen System zu machen, integrierten die Forscher der University of Washington Steuerkreise, Kommunikationsschaltkreise und Miniaturantennen mit speziell angefertigten optoelektronischen Komponenten in eine Kontaktlinse. Diese Komponenten werden laut Forschern schließlich Hunderte von LEDs (siehe Unterkapitel

3.1.2) enthalten, die unterschiedliche Bilder direkt in das Auge projizieren können. Die Forscher und Entwickler vermuten, dass es ein separates, portables Gerät benötigt wird, um projizierte Informationen an die Steuerschaltung der AR-Linse weiterzuleiten, die die Optoelektronik, eine Kombination von Optik und Halbleiterelektronik, in der Linse bedienen wird. Die AR-Kontaktlinse soll drahtlos mit Radiofrequenz, kurz RF, versorgt werden (Parviz, 2009; Parviz et al., 2010). Abbildung 52 zeigt die beschriebe Entwicklung.

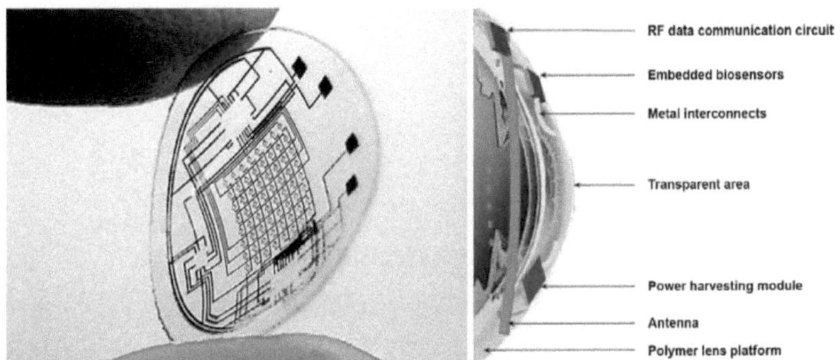

Abbildung 52: AR-Kontaktlinse von Babak A. Parviz et al. (Parviz, 2009; Parviz et al., 2010)

Nach der Entwicklung der einsatzbereiten AR-Linsen wurde ein praktisches Experiment durchgeführt, um die Anwendungstauglichkeit und Sicherheit von intelligenten Kontaktlinsen zu testen. Während des Experiments, geleitet von Babak A. Parviz, wurden die AR-Linsen mit einer 64-Pixel Darstellung verwendet, die in ein biokompatibles Polymer eingekapselt und erfolgreich in Versuchen mit lebenden Kaninchen getestet wurden (siehe Abbildung 53) Die Kaninchen trugen die AR-Linsen, die Metallschaltungsstrukturen enthielten, 20 Minuten ohne irgendeine nachteilige Wirkung. Zusammen mit Babak A. Parviz produzieren bereits seine Studenten solche AR-Kontaktlinsen in geringen Stückzahlen im Labor an der University of Washington in Seattle (Parviz, 2009).

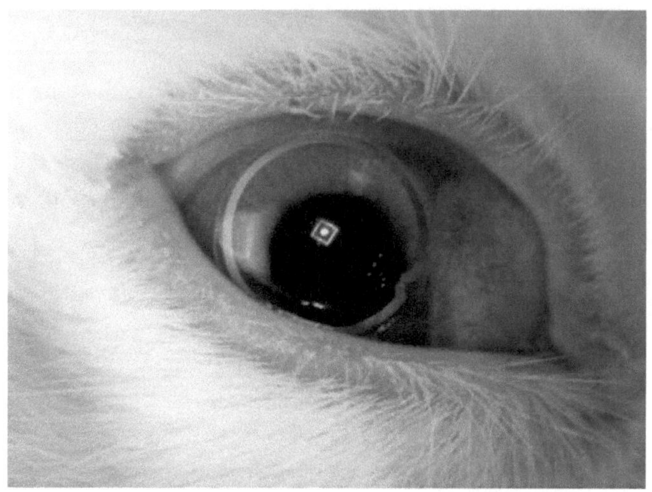

Abbildung 53: Einsatz von AR-Linse am Kaninchen (Parviz, 2009)

Da die Ergebnisse bereits im Jahr 2009 veröffentlicht wurden, stellt sich die Frage, warum die AR-Linsen den Massenmarkt heutzutage immer noch nicht erobert haben. Genauso wie im Jahr 2009 laut Babak A. Parviz gibt es laut Dirk Schart und Nathaly Tschanz auch heutzutage immer noch diverse grundlegende Herausforderungen, die dem Bau und der Produktion von Multifunktionskontaktlinsen im Wege stehen. Die erste Hürde stellt der Herstellungsprozess von AR-Linsen dar. Viele Produktteile und Untersysteme der Kontaktlinse sind nicht miteinander kompatibel. Zudem ist das Polymer der Linse an sich sehr zerbrechlich. Des Weiteren, betont Babak A. Parviz, müssen alle Schlüsselkomponenten der Linse auf etwa 1,5 Quadratzentimetern eines flexiblen Polymers miniaturisiert und integriert werden. Da Linsen in die Augen des Trägers eingesetzt werden, muss nicht nur das entsprechende Polymer, sondern auch der Großteil der Hardware deshalb transparent sein, so dass die Träger ihre AR-Umgebung steuern können, ohne sich desorientiert fühlen zu müssen. Das nächste Produktionsproblem, laut Parviz, besteht darin, dass die entwickelte Linse absolut ungefährlich für das Auge sein muss. Die meisten roten LEDs bestehen aus Aluminiumgalliumarsenid, das für Menschen giftig ist (Parviz, 2009; Parviz et al., 2010; Schart & Tschanz, 2017, p. 60).

Trotz der genannten Probleme und eines hohen Technologieaufwandes entwickelt ein Start-up *Innovega Inc.* VR/AR-Brillen und -Kontaktlinsen. Seine aktuelle Entwicklung nannte Innovega, laut der eigenen Homepage, *emacula*. Sie stellt eine

Kombination aus VR- sowie AR-fähigen Brillen und Kontaktlinsen dar, die dem Benutzer ein Unterhaltungs- und Informationserlebnis anbietet (Innovega Inc., 2018). Abbildung 54 stellt das Entwicklungsergebnis emacula von Innovega dar.

Abbildung 54: VR/AR-Kontaktlinsen-Brillen-Kombination emacula von Innovega Inc. (oben); emacula in der Anwendung (unten) (Innovega Inc., 2018; Pluta, 2014a)

Laut der eigegen Webseite vereint die Entwicklung von Innovega die digitale und reale Welten und bietet dem Anwender sowohl Augmented als auch Mixed Reality an. Die emacula Kontaktlinsen und Display-Brillen wurden von einem Team, bestehend aus Optometristen, Augenärzten, Optikphysikern, Ingenieuren und Nano-Fertigungstechnikern entwickelt, patentiert und klinisch getestet. Laut Innovega wurde das System mit Unterstützung der US-amerikanischen National Science Foundation, der US-amerikanischen National Institutes of Health und des US-Militärs entwickelt. Auf ihrer Homepage veröffentlicht das Unernehemen ein Video, das die praktische Anwendungsfunktionalität der VR/AR-Linsen präsentiert (Innovega Inc., 2018).

Laut der Webseite von Innovega und Nachrichten von *Contactlenses Ltd.* hat Innovega in den letzten Jahren große Aufmerksamkeit von namhaften Investoren auf der ganzen Welt auf sich gezogen. Auch die National Science Foundation in den USA hat Innovega kürzlich ein Stipendium in Höhe von 6 Millionen US-Dollar für das emacula-Projekt zugeteilt. Die Kontaklinsen und Brillen von Innovega waren ursprünglich nur für die US Army bestimmt. Nach unzähligen Tests mit verschiedenen Optometristen und Optikphysikern glaubt das Innovega-Team, dass die Technologie mehr Potential hat, als nur Soldaten auf dem Schlachtfeld zu helfen. Innovega hofft, dass ihre VR/AR-Brillen und -Linsen, Menschen mit verschiedenen Sehbehinderungen auf der ganzen Welt helfen können. Die Entwicklung von Innovega hat den Massenmarkt noch nicht erreicht, wird aber, laut Nachrichten auf ihrer Homepage, bald alle Lebensbereiche des Menschen revolutionieren und ihr digitales Leben strukturieren (Contactlenses Ltd., 2017; Innovega Inc., 2018).

Außer Innovega arbeiten auch andere Unternehmen an intelligenten Kontaktlinsen. Laut Doug Bolton, einem Wissenschaftsreporteur der britischen Internet-Zeitung *The Independent*, hat der größte südkoreanische Mischkonzern *Samsung* bereits im Jahr 2014 ein Patent für intelligente Kontaktlinsen angemeldet. Der Autor schreibt, dass laut *SamMobile*, einer Community für Samsung Fans, die Smarten Kontaktlinsen von Samsung in der Lage sind, Augmented Reality dem User auf eine bessere Art zu präsentieren als eine Datenbrille. Die von Samsung entwickelte AR-Linse synchronisiert sich durch die eingebaute Antenne mit dem Smartphone des Users, um Informationen aus dem Umfeld abzurufen. Die Steuerung der augmentierten Informationen soll, laut Doug Bolton, durch Augenbewegungen und Blinzeln erfolgen. Des Weiteren verfügt die AR-Kontaktlinse nach Informationen von Bolton über Sensoren und eine eingebaute Kamera. Die Enegrieversorgung der Linse erfolgt drahtlos über das Smartphone des Trägers (Bolton, 2016).

6 Zusammenfassung und Ausblick

Mit dieser Arbeit wurde eine Potentialanalyse der Augmented Reality anhand diverser Beispiele aus 14 unterschiedlichen Bereichen durchgeführt (siehe Kapitel 4). Das gewählte Spektrum an Einsatzgebieten war breit, von Gaming bis zu sicherheitskritischen Branchen wie Medizin. Dabei variierten die Anforderungen an das jeweilige Augmented Reality System in Bezug auf Präzision und Zuverlässigkeit sehr stark. Damit wurde die Vielfältigkeit dieser innovativen Technologie verdeutlicht. Ferner wurde der jeweilige Mehrwert bei der Verwendung von Augmented Reality betont. Um ein besseres Verständnis für dieses komplexe Thema zu verschaffen, wurden theoretische sowie technische Grundlagen in Kapitel 2 und 3 erläutert.

Um den Überblick über die Weiterentwicklung der Augmented Reality zu verschaffen, wurden Expertenmeinungen und aktuelle Statistiken herangezogen (siehe Kapitel 5). Diese antizipierten insgesamt eine ziemlich positive Zukunft für diese aufkommende Technologie. Allerdings wurden auch mögliche und bereits schon vorhandene Risiken aufgedeckt, um möglichst objektiv das Thema zu behandeln. Vor allem Problematiken wie „Gläserner Mensch" und „Überwachungsstaat" bringen große Bedenken mit sich. Zusätzlich sind dauerhafte psychologische Auswirkungen von erweiterter Realität auf Menschen ungewiss und müssen noch untersucht werden (siehe Unterkapitel 5.2). Künftige Projekte unterscheiden sich größtenteils stark voneinander, versprechen aber insgesamt eine nahtlose Integration von erweiterten Realität (vgl. Unterkapitel 0).

Die rasante Entwicklung dieser Technologie scheint immer mehr Unternehmen und Organisationen in ihren Bann zu ziehen (siehe Unterkapitel 1.1 und Kapitel 4). Andererseits gewinnen Entwicklungsplattformen für die Augmented Reality im Konsumentenbereich kontinuierlich an Benutzerfreundlichkeit (vergleiche Unterkapitel 2.6). Die Anzahl an AR-fähigen Smartphones steigt fortlaufend genauso wie die Vielfalt an AR-fähigen Devices. Es ist durchaus vorstellbar, dass die Augmented Reality der nächste große technologische Schritt nach der Entwicklung von Computern und Handys ist (vgl. Kapitel 5). Ob dieser Schritt der Menschheit mehr Nutzen als Schaden bringt, bleibt nur abzuwarten.

Literaturverzeichnis

Academic. (2017). Gläserner Bürger. Retrieved March 16, 2018, from
http://deacademic.com/dic.nsf/dewiki/529648

Aero Glass. (2017). AUGMENTED REALITY AERIAL NAVIGATION. Retrieved
March 16, 2018, from http://glass.aero/

Anderson, S. P., & de Palma, A. (2012). Competition for attention in the Information (overload) Age. *RAND Journal of Economics, 43*(1), 1–25.

Androidcentral. (2011). LG and Wikitude team up to launch 3D augmented reality browser. Retrieved March 16, 2018, from
https://www.androidcentral.com/lg-and-wikitude-team-launch-3d-
augmented-reality-browser

Anner, N. (2017). Das Magazin: Virtuelle Kooperation bei der Gasturbinenwartung. Retrieved March 16, 2018, from
https://www.siemens.com/customer-
magazine/de/home/energie/fossile-stromerzeugung/virtuelle-
kooperation-bei-der-gasturbinenwartung.html

Apple Inc. (2017). About Augmented Reality and ARKit. Retrieved March 16,
2018, from
https://developer.apple.com/documentation/arkit/about_augmented_rea
lity_and_arkit

Augmented Minds Ambrus & Lonau GbR. (2017). Was ist Augmented Reality?
Retrieved March 16, 2018, from http://www.augmented-
minds.com/de/erweiterte-realitaet-anwendung/was-ist-augmented-
reality

Aurelia, S., Raj, D. M. D., & Saleh, O. (2014). Mobile Augmented Reality and Location Based Service. *Advances in Information Science and Applications, II,*
551–558.

AWE. (2017). The largest AR & VR event in the world. Retrieved March 16,
2018, from https://www.augmentedworldexpo.com/

Ayers, J., Leas, E., Dredze, M., Allem, J., Grabowski, J., & Hill, L. (2016). Pokémon
GO — A New Distraction for Drivers and Pedestrians. *JAMA Internal Medi-
cine, 176*(12), 1865–1866.
https://doi.org/10.1001/jamainternmed.2016.6274

Azuma, R. T. (1997). A Survey of Augmented Reality. *Mossachusetts Institute of Technology, 6*, 355–385.

Azuma, R. T. (2017). Making Augmented Reality a Reality. *OSA Imaging and Applied Optics Congress.*

Barsom, E. Z., Graafland, M., & Schijven, M. P. (2016). Systematic review on the effectiveness of augmented reality applications in medical training. *Surgical Endoscopy, 30*, 4174–4183.

Basiri, A., Simona, E., Moore, T., Winstanley, A., Peltola, P., Hill, C., Amirian, P., & Figueiredo, P. (2017). Indoor location based services challenges, requirements and usability of current solutions. *Computer Science Review*, 1–12. https://doi.org/10.1016/j.cosrev.2017.03.002

Begley, E. (2017). BMW i erprobt „Augmented Reality Product-Visualiser" mit Tango, der Smartphone-AR-Technologie von Google. Retrieved March 16, 2018, from https://www.press.bmwgroup.com/deutschland/article/detail/T026682 5DE/bmw-i-erprobt-„augmented-reality-product-visualiser"-mit-tango-der-smartphone-ar-technologie-von-google?language=de

Bendel, O. (2018). Cyborg. Retrieved March 16, 2018, from http://wirtschaftslexikon.gabler.de/Definition/cyborg.html

Bernhardt, U. (2016). *Wenn aus Spiel Wirklichkeit wird – Potentiale kollaborativer Augmented Reality. Netzwerk Datenschutzexpertise.*

Billinghurst, M., Clark, A., & Lee, G. (2015). A Survey of Augmented Reality. *Now, the Essence of Knowledge, 8*(2–3), 73–272.

Billock, J. (2017). Five Augmented Reality Experiences That Bring Museum Exhibits to Life. Retrieved March 16, 2018, from https://www.smithsonianmag.com/travel/expanding-exhibits-augmented-reality-180963810/

Bluetooth Special Interest Group. (2010). Architecture & Terminology Overview. *Specification of the Bluetooth System, 6*, 140.

Bogotzek, T. (2016). Augmented Reality- Eine Technik mit Zukunft? Retrieved March 16, 2018, from http://www.webspotting.de/e-commerce/augmented-reality-eine-technik-mit-zukunft/

Bolton, D. (2016). Samsung patents design for "smart" augmented reality contact lenses. Retrieved March 16, 2018, from http://www.independent.co.uk/life-style/gadgets-and-tech/news/samsung-smart-contact-lenses-patent-a6971766.html

Brown, L. (2017). Differences between VR, AR and MR. Retrieved March 16, 2018, from https://filmora.wondershare.com/virtual-reality/difference-between-vr-ar-mr.html

Brown, L. (2017). *The Next Generation Classroom : Transforming Aviation Training with Augmented Reality. National Training Aircraft Symposium (NTAS)*. Michigan.

Buenger, O. (2016). Pokémon Go schlägt alle Rekorde bei Umsatz, Reichweite und Nutzertreue. Retrieved March 16, 2018, from https://de.surveymonkey.com/blog/de/2016/07/19/pokemon-go-schlagt-alle-rekorde-bei-umsatz-reichweite-und-nutzertreue/

Bunker, R. J., & Keshavarz, A. (2016). Terrorist and Insurgent Teleoperated Sniper Rifles and Machine Guns. *Foreign Military Studies Office.*

Burell, L. (2017). Das Magazin: Virtuelle Kooperation bei der Gasturbinenwartung. Retrieved March 16, 2018, from https://www.siemens.com/customer-magazine/de/home/energie/fossile-stromerzeugung/virtuelle-kooperation-bei-der-gasturbinenwartung.html

Burke, D. (2017). ARCore: Augmented reality at Android scale. Retrieved March 16, 2018, from https://www.blog.google/products/google-vr/arcore-augmented-reality-android-scale/

Burns, M. (2018). LiveMap shows off latest prototype of augmented reality motorcycle helmet. Retrieved March 16, 2018, from https://techcrunch.com/2018/01/11/livemap-shows-off-latest-prototype-of-augmented-reality-motorcycle-helmet/

Caudell, T., & Mizell, D. (1992). Augmented reality: an application of heads-up display technology to manual manufacturing processes. *Proceedings of the Twenty-Fifth Hawaii International Conference on System Sciences.*

Chaykowski, K. (2017). Mark Zuckerberg Unveils Facebook's Next Platform: Augmented Reality. Retrieved March 16, 2018, from https://www.forbes.com/sites/kathleenchaykowski/2017/04/18/mark-zuckerberg-unveils-facebooks-augmented-reality-platform-for-camera-effects/#4a0fe1477b0d

Chen, Y. (2017). "AR is the next internet": Snapchat gets \$1 mil. a day for branded lenses. Retrieved March 16, 2018, from https://digiday.com/marketing/ar-next-internet-snapchat-gets-1-mil-day-branded-lenses/

Cheng, T.-F. (2017). iPhone supplier Catcher Tech to make augmented-reality parts. Retrieved March 16, 2018, from https://asia.nikkei.com/Business/AC/iPhone-supplier-Catcher-Tech-to-make-augmented-reality-parts?page=1

Chicago00.org. (2017). Chicago00. Retrieved March 16, 2018, from http://chicago00.org/

Cleveland Museum of Art. (2017). ArtLens App. Retrieved March 16, 2018, from http://www.clevelandart.org/artlens-gallery/artlens-app

Contactlenses Ltd. (2017). Contact lenses & Technology Innovega Develops Revolutionary eMacula VR Technology. Retrieved March 16, 2018, from https://www.contactlenses.com.es/contactlensesnews/article74206/innovega-develops-revolutionary-emacula-vr-technology.html

Continental Automotive GmbH. (2018). Augmented Reality Head-up Display. Retrieved March 16, 2018, from http://continental-head-up-display.com/ar-hud/

Crook, J. (2018). Intel wants smart glasses to be a thing. Retrieved March 16, 2018, from https://techcrunch.com/2018/02/05/intel-wants-smart-glasses-to-be-a-thing/

Cunningham, W. (2017). Augmented reality in the car steps toward production at CES 2017. Retrieved March 16, 2018, from https://www.cnet.com/roadshow/news/augmented-reality-in-the-car-steps-towards-production-at-ces-2017-harman-continental-visteon/

DAQRI LLC. (2018). Smart Helmet User Guide. Retrieved March 16, 2018, from https://developer.daqri.com/#!/content/smart-helmet-user-guide

Denso Wave. (2018). Information capacity and versions of the QR Code. Retrieved March 16, 2018, from
http://www.qrcode.com/en/about/version.html

di Fabrizio, E. M., Coluccio, M. L., Tregnachi, G., & Mautino, S. (2016). (WO2016051325) Optical Device for Augmented Reality Applications and Method for its Fabrication. Retrieved from
https://patentscope.wipo.int/search/en/detail.jsf?docId=WO201605132 5&recNum=95&maxRec=3519&office=&prevFilter=&sortOption=&query String=EN_TI%3A%28augmented+reality%29+&tab=PCT+Biblio

dict.cc. (2017). Online-Wörterbuch. Retrieved March 16, 2018, from
https://www.dict.cc/?s=browse

Dictionary. (2017). browser. Retrieved March 16, 2018, from
http://www.dictionary.com/browse/web--browser

Digi-Capital. (2018). Ubiquitous $90 billion AR to dominate focused $15 billion VR by 2022. Retrieved March 16, 2018, from https://www.digi-capital.com/news/2018/01/ubiquitous-90-billion-ar-to-dominate-focused-15-billion-vr-by-2022/#more-2191

DigiLens Inc. (2018a). Augmented Reality made possible. Retrieved March 16, 2018, from http://www.digilens.com/

DigiLens Inc. (2018b). MonoHUD. Retrieved March 16, 2018, from
https://www.digilens.com/products/monohud/

Ding, M. (2017). Augmented Reality in Museums. *Arts Management & Technology Laboratory*, 1–12.

Dini, G., & Mura, M. D. (2015). Application of Augmented Reality Techniques in Through-life Engineering Services. *Procedia CIRP*, *38*, 14–23. https://doi.org/10.1016/j.procir.2015.07.044

Display Magazin. (2018). Virtual Retinal Displays zeichnen Bilder direkt in das Auge des Betrachters. Retrieved March 16, 2018, from http://display-magazin.net/thema/displays/virtual-retinal-display

Dörner, R., Broll, W., Grimm, P., & Jung, B. (2013). *Virtual und Augmented Reality (VR/AR)*. Springer Vieweg.

ECE Projektmanagement G.m.b.H. & Co. KG. (2016). ECE testet die „Digital Mall". Retrieved March 16, 2018, from http://www.ece.de/presse/pressemeldungen/details-1/?tx_news_pi1[news]=374&tx_news_pi1[controller]=News&cHash=3434 3ea20b7828f09e8df16d3e7bd902

Fasse, M. (2017). BMW tanzt Tango mit Google. Retrieved March 16, 2018, from http://www.handelsblatt.com/unternehmen/industrie/augmented-reality-bmw-tanzt-tango-mit-google/19212896.html

Feiner, S., MacIntyre, B., & Seligmann, D. (1993). Knowledge-based Augmented Reality. *Communications of the ACM*, *36*, 53–62.

Fingas, R. (2017). Apple partner Catcher at work on new product category, could be rumored AR headset. Retrieved March 16, 2018, from http://appleinsider.com/articles/17/12/06/apple-partner-catcher-at-work-on-new-product-category-could-be-rumored-ar-headset

Fisher, J., & Christensen, J. (2018). Visteon Demonstrates Augmented Reality Driving Experience and Latest Head-Up Display Technology at CES® 2017. Retrieved March 16, 2018, from https://www.visteon.com/media/newsroom/2017/170105_story1.html

Forbes. (2017a). America's Top Public Companies. Retrieved March 16, 2018, from https://www.forbes.com/top-public-companies/list/

Forbes. (2017b). The World's Most Valuable Brands. Retrieved March 16, 2018, from https://www.forbes.com/powerful-brands/list/#tab:rank

Forbes. (2017c). Top Multinational Performers - #133 L'Oréal Group. Retrieved March 16, 2018, from https://www.forbes.com/companies/loreal-group/

Forbes Agency Council. (2017). How Digital Marketing Will Change In 2018: 15 Top Trends. Retrieved March 16, 2018, from https://www.forbes.com/sites/forbesagencycouncil/2017/12/18/how-digital-marketing-will-change-in-2018-15-top-trends/2/#3a607c355bcf

Forni, A. A. (2016). Gartner Identifies the Top 10 Strategic Technology Trends for 2017. Retrieved March 16, 2018, from https://www.gartner.com/newsroom/id/3482617

Fradet, M., Baillard, C., Laurent, A., Alleaume, V., Pierrick, J., Luo, T., Robert, P., & Servant, F. (2017). MR TV Mozaik: A New Mixed Reality Interactive TV Experience. *Computer Society*, 155–159. https://doi.org/10.1109/ISMAR-Adjunct.2017.53

FRPT Research. (2017). Facebook pushes Augmented Reality after being inspired by Pokemon Go. *Software Industry Snapshot*, 5–7.

Fuchslocher, G. (2017). Cockpit-to-Cloud: Wohlklänge und Alghorithmen. Retrieved March 16, 2018, from https://www.automobil-produktion.de/specials/interieur-infotainment/cockpit-to-cloud-wohlklaenge-und-alghorithmen-313.html

Furness, T. A. I. (2018). Virtual Retinal Display (VRD) Group. Retrieved March 16, 2018, from http://www.hitl.washington.edu/projects/vrd/

Galileo. (2017). Galileo Augmented Reality: erlebe eine neue Dimension des Fernsehens. Retrieved March 16, 2018, from https://www.galileo.tv/tech-trends/galileo-ar-erlebe-eine-neue-dimension-des-fernsehens-ab-6-november-auf-prosieben/

Geiger, T. (2017). Reale Fahrt durch eine halb virtuelle Welt. Retrieved March 16, 2018, from http://www.manager-magazin.de/lifestyle/auto/augmented-reality-im-auto-a-1130331.html

Google. (2018). Fundamental Concepts. Retrieved March 16, 2018, from https://developers.google.com/ar/discover/concepts

Google Expeditions. (2017). Bring the World into the Classroom. Retrieved March 16, 2018, from https://edu.google.com/expeditions/ar/#about

Google Play. (2017). Immersal Messukeskus. Retrieved March 16, 2018, from https://play.google.com/store/apps/details?id=com.immersal.browser

Gordienko, T. (2017). Latest digital step by Messukeskus Helsinki: Investing in Augmented Reality. Retrieved March 16, 2018, from http://messukeskus.com/press-release/latest-digital-step-messukeskus-helsinki-investing-augmented-reality/?lang=en

Grau, O. (2003). *Virtual Art: From Illusion to Immersion*. Cambridge: MIT Press.

grund-wissen.de. (2017). Optische Geräte. Retrieved March 16, 2018, from https://www.grund-wissen.de/physik/optik/optische-geraete.html

Gülch, E. (2016). Investigations on Google Tango Development Kit for Personal Indoor Mapping. Retrieved March 16, 2018, from https://agile-online.org/conference_paper/cds/agile_2016/posters/102_Paper_in_PDF.pdf

Gupta, A. (2014). AERO GLASS is the Future of Aerial Navigation. Retrieved March 16, 2018, from http://aviatorflight.com/aero-glass-future-aerial-navigation/

Haritos, T., & Macchiarella, N. D. (2005). A mobile application of augmented reality for aerospace maintenance training. *AIAA/IEEE Digit. Avion. Syst. Conf.*, (January 2005), 1–9. https://doi.org/10.1109/DASC.2005.1563376

Harvard Business Review. (2017). A Manager's Guide to Augmented Reality, 1–18.

Häusel, H.-G. (2016). *Brain View: Warum Kunden kaufen.* Freiburg: Haufe-Lexware GmbH & Co.KG.

Hauser, A. (2010). https://www.wikitude.com/wikitude-world-browser-augmented-reality/. Retrieved March 16, 2018, from https://www.wikitude.com/wikitude-world-browser-augmented-reality/

Heilig, M. L. (1992). El cine del futuro: the cinema of the future. *Teleoperators and Virtual Environments, 1*(3), 279–294.

Hein, D. W. E., Ivens, B. S., Rauschnabel, P. A., & Jodoin, J. L. (2017). Are Wearables Good or Bad for Society? In *Mobile Technologies and Augmented Reality in Open Education* (pp. 1–25). Hershey PA, USA: IGI Global.

Heinemann, G. (2017). *Der neue Online-Handel* (8th ed.). Wiesbaden: Springer Fachmedien Wiesbaden GmbH.

Hochschule der Medien. (2016). Pokémon GO und der Durchbruch von Augmented Reality. Retrieved March 16, 2018, from http://www.omm.hdm-stuttgart.de/2016/08/02/augmented-reality-durchbruch-dank-pokemon-go/

Hope, G. (2017). Tech giant panasonic is extending its influence in the car industry. We learn what it has planned. Retrieved March 16, 2018, from https://www.pressreader.com/uk/auto-express/20170118/281543700622659

Huck-Fries, V., Wiegand, F., Klinker, K., Wiesche, M., & Krcmar, H. (2017). Daten-brillen in der Wartung: Evaluation verschiedener Eingabemodalitäten bei Servicetechnikern. *Lecture Notes in Informatics (LNI)*, 1413–1424. https://doi.org/10.18420/in2017

Immersive Learning. (2017). Google Expeditions: Auf Klassenfahrt zum Mond. Retrieved March 16, 2018, from http://www.immersivelearning.news/2017/06/13/google-expeditions-auf-klassenfahrt-zum-mond/

infsoft. (2017a). Indoor Positionsbestimmung, Tracking und Indoor Navigation mit Beacons. Retrieved March 16, 2018, from https://www.infsoft.de/technologie/sensorik/bluetooth-low-energy-beacons

infsoft. (2017b). Ortungssensoren für Indoor Positionsbestimmung. Retrieved March 16, 2018, from https://www.infsoft.de/technologie/sensorik

Innovega Inc. (2018). emacula. Retrieved March 16, 2018, from http://www.emacula.io/#tech

ITWissen. (2017a). Apps. Retrieved March 16, 2018, from http://www.itwissen.info/Apps-application-app.html

ITWissen. (2017b). AV (augmented virtuality). Retrieved March 16, 2018, from http://www.itwissen.info/AV-augmented-virtuality.html

Jacobsen, N. (2017). *Das Apple-Imperium 2.0: Die neuen Herausforderungen des wertvollsten Konzerns der Welt* (2nd ed.). Wiesbaden: Springer Fach-medien Wiesbaden GmbH.

Jafri, R., & Khan, M. M. (2016). Obstacle Detection and Avoidance for the Visual-ly Impaired in Indoors Environments Using Google ' s Project. *Lecture Notes in Computer Science, 9759*, 179–185. https://doi.org/10.1007/978-3-319-41267-2

Jain, D. (2017). People with Hearing Loss Needed for Google Glass Study. Re-trieved March 16, 2018, from http://www.cs.umd.edu/~jonf/glassear.html

Janssen, J.-K. (2017). Googles Augmented Reality: Tango ist tot, es lebe ARCore. Retrieved March 16, 2018, from https://www.heise.de/newsticker/meldung/Googles-Augmented-Reality-Tango-ist-tot-es-lebe-ARCore-3817226.html

Joseph, B., & Armstrong, D. G. (2016). Potential perils of peri-Pokémon perambulation: the dark reality of augmented reality ? *Oxford Medical Case Reports*, *10*, 265–266. https://doi.org/10.1093/omcr/omw080

Jung, T., Chung, N., & Leue, C. M. (2015). The determinants of recommendations to use augmented reality technologies: The case of a Korean theme park. *Tourism Management, 49*, 75–77.

Jung, T., & tom Dieck, M. C. (2017). *Augmented Reality and Virtual Reality: Empowering Human, Place and Business*. Cham: Springer International Publishing AG.

Khan, T., Hora, R., Bendre, A., & Tirth, P. S. (2014). Augmented Reality Based Word Translator. *International Journal of Innovative Research in Computer Science & Technology, 2*(2), 45–47.

Kharade, R., Kulkarni, S., Thorat, M., & Walhekar, S. (2017). GPS Assisted Location Based Service for Smart City with Cloud Integration. *International Journal of Innovative Research in Electrical, Electronics, Instrumentation and Control Engineering, 5*(4), 64–67. https://doi.org/10.17148/IJIREEICE.2017.5412

Kickstarter. (2013). meta: The Most Advanced Augmented Reality Glasses. Retrieved March 16, 2018, from https://www.kickstarter.com/projects/551975293/meta-the-most-advanced-augmented-reality-interface

Kirkpatrick, F. (2017). Neuigkeiten für Entwickler. Retrieved March 16, 2018, from https://developers.facebook.com/blog/post/2017/04/18/Introducing-Camera-Effects-Platform/?locale=de_DE

Klaus, A., Beckmann, R., & Stephani, J. (2017). Fachkräfteengpassanalyse. *Blickpunkt Arbeitsmarkt*, 39.

Klink, S., & Feer, F. van der. (2017). Philips announces new augmented-reality surgical navigation technology designed for image-guided spine, cranial and trauma surgery. Retrieved March 16, 2018, from https://www.philips.com/a-w/about/news/archive/standard/news/press/2017/20170112-philips-announces-new-augmented-reality-surgical-navigation-technology-designed-for-image-guided-spine-cranial-and-trauma-surgery.html

Kobialka, D. (2016). Sony follows Pokémon Go phenomenon into mobile gaming sector. Retrieved March 16, 2018, from https://www.fiercewireless.com/developer/sony-follows-pokemon-go-phenomenon-will-enter-mobile-gaming-sector

Koch, W., & Frees, B. (2016). Dynamische Entwicklung bei mobiler - Internetnutzung sowie Audios und Videos. *Media Perspektiven*, 418–437.

Koch, W., & Frees, B. (2017). *Kern-Ergebnisse. ARD/ZDF Onlinestudie 2017*.

L'Oréal. (2017). L'Oréal joins perfect corp's youcam makeup App. Retrieved March 16, 2018, from http://www.loreal.com/media/news/2017/july/loreal-joins-perfect-corps-youcam-makeup-app

Lahanas, V., Loukas, C., Smailis, N., & Georgiou, E. (2015). A novel augmented reality simulator for skills assessment in minimal invasive surgery. *Surgical Endoscopy*, *29*, 2224–2234.

Lamb, P. (2017). ARToolKit. Retrieved March 16, 2018, from http://www.hitl.washington.edu/artoolkit/

Lebeck, K., Ruth, K., Kohno, T., & Roesner, F. (2017). Securing Augmented Reality Output. *IEEE Symposium on Security and Privacy*, 1–18.

Lehnert, A. (2017). Neue AR-App IKEA Place – jetzt verfügbar! Retrieved March 16, 2018, from http://www.ikea-unternehmensblog.de/article/2017/ikea-place-app

Lewanczik, N. (2017). Marketing-Potential: Snapchat arbeitet mit Künstlern an AR Lenses. Retrieved March 16, 2018, from https://onlinemarketing.de/news/snapchat-kuenstler-ar-lenses-potential-marketing

Lightform. (2017). Project On Anything. Retrieved March 16, 2018, from https://lightform.com/

Linden, A., & Fenn, J. (2003). Understanding Gartner's Hype Cycles. *Strategic Analysis Report*, 12.

LiveMap. (2018). LiveMap AR-helmet. Retrieved March 16, 2018, from https://livemap.info/index.php

Lowe's Innovation Labs. (2017). Lowe's Vision: In-Store Navigation. Retrieved March 16, 2018, from http://www.lowesinnovationlabs.com/instorenavigation

Lowe's Open House. (2017). Lowe's Introduces In-Store Navigation Using Augmented Reality. Retrieved March 16, 2018, from https://newsroom.lowes.com/news-releases/lowesintroducesin-storenavigationusingaugmentedreality/

Lowood, H. E. (2017). Virtual reality (VR). Retrieved March 16, 2018, from https://www.britannica.com/technology/virtual-reality

Lunden, I. (2017). IKEA Place, the retailer's first ARKit app, creates lifelike pictures of furniture in your home. Retrieved March 16, 2018, from https://techcrunch.com/2017/09/12/ikea-place-the-retailers-first-arkit-app-creates-lifelike-pictures-of-furniture-in-your-home/

Maaß, C., & Pietsch, G. (2007). Web 2.0 als Mythos, Symbol und Erwartung. *Diskussionsbeiträge Der Fakultät Für Wirtschaftswissenschaft Der FernUniversität in Hagen*, (408), 34.

Machado, C. (2014). Location awareness in Museums. Retrieved March 16, 2018, from https://www.accuware.com/blog/location-awareness-in-museums/

Magic Leap, I. (2018). Magic Leap One. Retrieved March 16, 2018, from https://www.magicleap.com/

Magnusson, H. (2017). Der IKEA Katalog. Retrieved March 16, 2018, from http://www.ikea.com/ms/de_DE/this-is-ikea/ikea-highlights/The-IKEA-Catalogue-2017/index.html

Mangold, M. (2017). Unterschied Virtual Reality (VR) und Augmented Reality (AR). Retrieved March 16, 2018, from https://magic-holo.com/unterschied-virtual-reality-vr-und-augmented-reality-ar/

Matney, L. (2017). Lightform raises $5M to turn old projectors into augmented reality machines. Retrieved March 16, 2018, from https://techcrunch.com/2017/11/21/lightform-raises-5m-to-turn-old-projectors-into-augmented-reality-ma-chines/?utm_content=buffer0e767&utm_medium=social&utm_source=facebook.com&utm_campaign=buffer

Matney, L. (2018). 15 companies building futuristic AR smart glasses. Retrieved February 9, 2018, from https://techcrunch.com/gallery/get-smart-about-smart-glasses-here-are-15-companies-building-futuristic-ar-eyewear/

Matney, L., & Lunden, I. (2017). Apple acquired augmented reality headset startup Vrvana for $30M. Retrieved March 16, 2018, from https://techcrunch.com/2017/11/21/apple-acquires-mixed-reality-headset-startup-vrvana-for-30m/

Mehler-Bicher, A., & Steiger, L. (2014). *Augmented Reality: Theorie und Praxis* (2nd ed.). Oldenbourg: Oldenbourg Wissenschaftsverlag GmbH.

Melnick, K. (2017). Google Brings AR Into The Classroom With "Expeditions AR" Program. Retrieved March 16, 2018, from https://vrscout.com/news/google-expeditions-ar-program/#

Meta Company. (2017a). Homepage. Retrieved March 16, 2018, from http://www.metavision.com/

Meta Company. (2017b). Our story. Retrieved March 16, 2018, from http://www.metavision.com/about#timeline

Michel, T. (2017). "Augmented Reality": Mehr Technik für mehr TV-Publikum? Retrieved March 16, 2018, from https://www.teltarif.de/augmented-reality-prosieben-galileo/news/70532.html

Microsoft. (2017). Why HoloLens. Retrieved March 16, 2018, from https://www.microsoft.com/de-de/hololens/why-hololens

Milgram, P., Takemura, H., Utsumi, A., & Kishino, F. (1994). Augmented Reality: A class of displays on the reality-virtuality continuum. *Telemanipulator and Telepresence Technologies, 2351*, 282–292.

Motion Picture Artwork. (2017). TheCircle. Retrieved March 16, 2018, from http://thecircle.movie/

Muensterer, O. J., Lacher, M., Zoeller, C., Bronstein, M., & Kübler, J. (2014). Google Glass in pediatric surgery : An exploratory study. *International Journal of Surgery*, *12*(4), 281–289. https://doi.org/10.1016/j.ijsu.2014.02.003

Mundy, J. (2017). What is Project Tango? Google's new AR tech explained. Retrieved March 16, 2018, from http://www.trustedreviews.com/news/what-is-project-tango-2941129

National Geographic. (2018). Triangulation. Retrieved March 16, 2018, from https://www.nationalgeographic.org/photo/triangulation-sized/

Nelson, K. J. (2017). Nike Store in Paris lets customers test sneaker colors using augmented reality. Retrieved March 16, 2018, from https://www.digitaltrends.com/cool-tech/nike-augmented-reality-nikeid-paris-news/

Neumann, U. (2017). Virtual und Augmented Reality. Retrieved March 16, 2018, from https://www.credit-suisse.com/ch/de/articles/private-banking/virtual-und-augmented-reality-201706.html

Niemeier, T. (2013). Metered-Paywall kommt im September: "Weser Kurier" bringt "lebendige Zeitung." Retrieved March 16, 2018, from https://kress.de/news/detail/beitrag/122750-metered-paywall-kommt-im-september-weser-kurier-bringt-lebendige-zeitung.html

Nosta, J. (2017). Glass Is Back And Google Has Big Plans In Health. Retrieved March 16, 2018, from https://www.forbes.com/sites/johnnosta/2017/07/18/glass-is-back-and-google-has-big-plans-in-health/#19c506861711

Nunes, P., & Downes, L. (2015). The Five Most Disruptive Innovations At CES 2015. Retrieved March 16, 2018, from https://www.forbes.com/sites/bigbangdisruption/2015/01/09/the-five-most-disruptive-innovations-at-ces-2015

Oculus VR LLC. (2018). Step into Rift. Retrieved March 16, 2018, from https://www.oculus.com/rift/#oui-csl-rift-games=star-trek

Paasche, K. (2015). Lernen mit allen Sinnen. Retrieved March 16, 2018, from https://www.mpg.de/8930937/vokabel-lernen-gesten

Pachal, P. (2014). Woman Robbed, Assaulted for Wearing Google Glass in a Bar. Retrieved March 16, 2018, from https://mashable.com/2014/02/26/google-glass-assault/#zCD1tIrhvaq6

Palmarini, R., Ahmet, J., Roy, R., & Torabmostaedi, H. (2017). A systematic review of augmented reality applications in maintenance. *Robotics and Computer - Integrated Manufacturing, 49*, 215–228. https://doi.org/10.1016/j.rcim.2017.06.002

Panasonic Automotive Systems Europe GmbH. (2018). Next Generation Augmented Reality HUD Demo Car. Retrieved March 16, 2018, from http://eu.automotive.panasonic.com/solutions/components/head-displays/next-generation-augmented-reality-hud

Panetta, K. (2017). Top Trends in the Gartner Hype Cycle for Emerging Technologies, 2017. Retrieved March 16, 2018, from https://www.gartner.com/smarterwithgartner/top-trends-in-the-gartner-hype-cycle-for-emerging-technologies-2017/

Parviz, B. A. (2009). Augmented Reality in a Contact Lens. Retrieved March 16, 2018, from https://spectrum.ieee.org/biomedical/bionics/augmented-reality-in-a-contact-lens

Parviz, B. A. (2012). Big step forward for safety of bionic contact lenses. Retrieved March 16, 2018, from http://www.popularmechanics.co.za/science/big-step-forward-for-safety-of-bionic-contact-lenses/

Parviz, B. A., Pandey, J., Liao, Y., Lingley, A., Mirjalili, R., & Otis, B. P. (2010). A Fully Integrated RF-Powered Contact Lens With a Single Element Display. *IEEE Transactions on Biomedical Circuits and Systems, 4*(6), 454–461.

Patrick, D. (2017). Pokemon Go: How To Earn PokeCoins | Gym PokeCoin Update Details. Retrieved March 16, 2018, from http://gameranx.com/features/id/110973/article/pokemon-go-how-to-earn-pokecoins-gym-pokecoin-update-details/

Pavic, V. (2018). Intel made smart glasses that look normal. Retrieved March 16, 2018, from https://www.theverge.com/2018/2/5/16966530/intel-vaunt-smart-glasses-announced-ar-video

Phelan, D. (2017). Apple CEO Tim Cook: As Brexit hangs over UK, "times are not really awful, there's some great things happening". Retrieved March 16, 2018, from http://www.independent.co.uk/life-style/gadgets-and-tech/features/apple-tim-cook-boss-brexit-uk-theresa-may-number-10-interview-ustwo-a7574086.html

Pinterest. (2017). Augmented Reality. Retrieved March 16, 2018, from https://www.pinterest.com/pin/381750505891248140/

Pluta, W. (2014a). Innovega präsentiert Datenbrille mit Spezialkontaktlinsen. Retrieved March 16, 2018, from https://www.golem.de/news/ioptik-innovega-praesentiert-datenbrille-mit-spezialkontaktlinsen-1401-103813.html

Pluta, W. (2014b). Schutzhelm weist den Weg. Retrieved March 16, 2018, from https://www.golem.de/news/daqri-smart-helmet-schutzhelm-weist-den-weg-1409-109155.html

PONS. (2017). Online-Wörterbuch. Retrieved March 16, 2018, from https://de.pons.com/übersetzung/latein-deutsch/augeo

Profeta, A. C., Schilling, C., & McGurk, M. (2016). Augmented reality visualization in head and neck surgery: an overview of recent findings in sentinel node biopsy and future perspectives. *The British Journal of Oral & Maxillofacial Surgery*, *54*, 694–696.

Qian, L. (2017). Coorindate Systems in HoloLensARToolKit v0.1. Retrieved March 16, 2018, from http://longqian.me/page6/

Ranger, S. (2017). VR is spectacular but lonely: Here's how it needs to change to succeed. Retrieved March 16, 2018, from http://www.zdnet.com/article/apple-preps-education-event-for-chicago/

Rehman, U., & Cao, S. (2017). Augmented Reality-based Indoor Navigation: A Comparative Analysis of Handheld Devices vs. Google Glass. *IEEE Transactions on Human-Machine Systems*, *47*, 140–151.

Rosenberg, L. B. (1992). *The Use of Virtual Fixtures as Perceptual Overlays to Enhance Operator Performance in Remote Environments.*

Rouse, M. (2016). augmented reality gaming (AR gaming). Retrieved March 16, 2018, from http://whatis.techtarget.com/definition/augmented-reality-gaming-AR-gaming

Ruiz-Ariza, A., Casuso, R. A., Suarez-Manzano, S., & Martínez-López, E. J. (2017). Effect of augmented reality game Pokémon GO on cognitive performance and emotional intelligence in adolescent young. *Computers & Education*, 49–63. https://doi.org/10.1016/j.compedu.2017.09.002

Rusch, M. L., Schall Jr., M. C., Gavin, P., Lee, J. D., Dawson, J. D., Vecera, S., & Rizzo, M. (2013). Directing driver attention with augmented reality cues. *Transp Res Part F Traffic Psychol Behav, 16*(319), 127–137. https://doi.org/10.1016/j.trf.2012.08.007.Directing

Sammonds, C. (2017). Top 5 Digital Marketing Trends For 2018. Retrieved March 16, 2018, from https://channels.theinnovationenterprise.com/articles/top-5-digital-marketing-trends-for-2018

Schall, M. C., Rusch, M. L., Lee, J. D., Dawson, J. D., Thomas, G., Aksan, N., & Rizzo, M. (2013). Augmented Reality Cues and Elderly Driver Hazard Perception. *Hum Factors, 55*(3), 643–658.

Schart, D., & Tschanz, N. (2017). *Augmented und Mixed Reality für Marketing, Medien und Public Relations*. München: UVK Verlagsgesellschaft GmbH.

Schroll, W., & Neef, A. (2006). Web 2.0 - Was ist dran? *Perspektive:blau*, (September), 1–4.

Schwenke, T. (2016). *Private Nutzung von Smartglasses im öffentlichen Raum*. Edewecht: Oldenburger Verlag für Wirtschaft, Informatik und Recht.

Serino, M., Cordrey, K., McLaughlin, L., & Milanaik, R. L. (2016). Pokémon Go and augmented virtual reality games: a cautionary commentary for parents and pediatricians. *Current Opinion in Pediatrics, 28*(5), 673–677.

Shewchuk, D. (2017). HARMAN Demonstrates Advanced Connected Car Platform for Industry Leading Intelligent Cockpit. Retrieved March 16, 2018, from https://news.harman.com/releases/harman-demonstrates-advanced-connected-car-platform-for-industry-leading-intelligent-cockpit

Shirer, M., & Torchia, M. (2017). Worldwide Spending on Augmented and Virtual Reality Forecast to Reach $17.8 Billion in 2018, According to IDC. Retrieved March 16, 2018, from https://www.idc.com/getdoc.jsp?containerId=prUS43248817

Skully Technologies. (2018). Skully Fenix AR. Retrieved March 16, 2018, from https://skullytechnologies.com/fenix-ar/

Smith, C. (2018). 85 Incredible Pokemon Go Statistics and Facts (January 2018). Retrieved March 16, 2018, from https://expandedramblings.com/index.php/pokemon-go-statistics/

Snap Inc. (2018a). Introducing Lens Studio The World is Your Canvas. Retrieved March 16, 2018, from https://lensstudio.snapchat.com/

Snap Inc. (2018b). News. Retrieved March 16, 2018, from https://www.snap.com/en-GB/news/

Social Samosa. (2017). Snapchat's new Lens Studio lets anyone make AR based World Lens. Retrieved March 16, 2018, from https://www.socialsamosa.com/2017/12/snapchat-lens-studio-anyone-make-lenses/

Sony Computer Entertainment Europe. (2017). EyeToy: Fitness. Retrieved March 16, 2018, from https://www.playstation.com/en-nz/games/eyetoy-kinetic-ps2/

Spitzer, M., & Ebner, M. (2017). Project Based Learning: from the Idea to a Finished LEGO ® Technic Artifact, Assembled by Using Smart Glasses. *World Conference on Educational Media and Technology*, (June), 196–209.

Squires, D. (2017). Augmented Reality application classroom development: new technology and new media, education and intelligent classrooms. *I-Manager's Journal of Educational Technology*, *14*(1).

Statista. (2017a). Anteil der befragten Jugendlichen, die folgende Medien täglich oder mehrmals in der Woche nutzen in den Jahren 2004 bis 2017. Retrieved March 16, 2018, from https://de.statista.com/statistik/daten/studie/168014/umfrage/nutzungsentwicklung-von-printmedien-bei-jugendlichen-seit-2004/

Statista. (2017b). Anzahl der Personen in Deutschland, die Museen, Galerien oder Kunstausstellungen besuchen, nach Häufigkeit von 2013 bis 2017 (in Millionen). Retrieved March 16, 2018, from https://de.statista.com/statistik/daten/studie/171176/umfrage/haeufigkeit-des-besuchs-von-museen-galerien-kunstaustellungen/

Stein, S. (2017). Google's selfie stick AR is a great idea. Retrieved March 16, 2018, from https://www.cnet.com/news/googles-ar-expeditions-augmented-reality-classroom-but-you-need-a-tango-phone-to-use-it/

Steinschaden, J. (2017). Wikitude: Wie sich die Salzburger Augmented-Reality-Schmiede gegen Apple und Facebook behaupten will. Retrieved March 16, 2018, from https://www.trendingtopics.at/wikitude-ar-2017-berdohung-und-chance/

Stocker, A., Spitzer, M., Kaiser, C., & Rosenberger, M. (2016). Datenbrillenge-stützte Checklisten in der Fahrzeugmontage. *Informatik Spektrum.* https://doi.org/10.1007/s00287-016-0965-6

Sutherland, I. (1968). A head-mounted three dimensional display. *International Federation for Information Processing*, 757–764.

Theis, S., Pfendler, C., Alexander, T., Mertens, A., Brandl, C., & Schlick, C. M. (2016). *Head-Mounted Displays – Bedingungen des sicheren und beanspruchungsoptimalen Einsatzes: Physische Beanspruchung beim Einsatz von HMDs.*

TraderFox. (2017). Warum die Credit Suisse Virtual und Augmented Reality 2017 auf der Überholspur sieht. Retrieved March 16, 2018, from https://aktien-mag.de/blog/warum-die-credit-suisse-virtual-und-augmented-reality-2017-auf-der-uberholspur-sieht/p-5070/

Tribbey, C. (2016). Will "Pokémon Go" Find an AR Audience? *Multichannel News*, 14–16.

TruLife Optics. (2014). TL 2 Technology Developer User Guide. Retrieved March 16, 2018, from http://trulifeoptics.com/developer-zone

Turi, J. (2014). The sights and scents of the Sensorama Simulator. Retrieved March 16, 2018, from https://www.engadget.com/2014/02/16/morton-heiligs-sensorama-simulator/

Turk, M., & Hua, G. (2013). *Vision-Based Interaction.* Morgan & Claypool.

Tuzar, G.-D., & Laack, D. A. Van. (2016). Augmented reality head-up displays: HMI impacts of different field-of-views on user experience. *Visteon Corporation*, 1–13.

Ungerer, B. (2017). Google gibt AR-Plattform Tango auf. Retrieved March 16, 2018, from https://www.heise.de/ix/meldung/Google-gibt-AR-Plattform-Tango-auf-3919801.html

Vasisht, D., Kumar, S., & Katabi, D. (2016). Decimeter-Level Localization with a Single WiFi Access Point. *13th USENIX Symposium on Networked Systems Design and Implementation (NSDI '16)*, 164–178.

Vávra, P., Roman, J., Zonča, P., Ihnát, P., Němec, M., Kumar, J., Habib, N., & El-Gendi, A. (2017). Recent Development of Augmented Reality in Surgery : A Review. *Journal of Healthcare Engineering*.

Vijayasarathy, S. (2017). Google I/O 2017: Google's Augmented Reality Tech Gets a Boost With Visual Positioning Service. Retrieved March 16, 2018, from https://gadgets.ndtv.com/mobiles/news/google-visual-positioning-service-tango-augmented-reality-1695347

VrAndFun. (2017). Nike Releases An Augmented Reality Display On iD Shoes To Show The Customizable Options. Retrieved March 16, 2018, from https://www.vrandfun.com/nike-releases-an-augmented-reality-display-on-id-shoes-to-show-the-customizable-options/

VUZIX. (2018). Introducing The Vuzix Blade™ AR Smart Glasses. Retrieved March 16, 2018, from https://www.vuzix.com/products/blade-smart-glasses

Watanabe, E., Satoh, M., Konno, T., Hirai, M., & Yamaguchi, T. (2016). The trans-visible navigator: a see-through neuronavigation system using augmented reality. *World Neurosurgery*, *87*, 399–405.

WB Team. (2016). WB-4 (Waseda Bioinstrumentation system No.4). Retrieved March 16, 2018, from http://www.takanishi.mech.waseda.ac.jp/top/research/wb/wb-4/WB-4_e.htm

Werner, P. A. (2017). Augmented Reality and Perception of Analogue and Digital Images and Maps. *Proceedings*, *1*(56), 1–7. https://doi.org/10.3390/IS4SI-2017-03923

Weser-Kurier. (2017). Augmented Reality - so geht's. Retrieved March 16, 2018, from https://www.weser-kurier.de/bremen/bremen-fotos_galerie,-Augmented-Reality-so-gehts-_mediagalid,22711.html

Whitemyer, D. (2017). What We Learned: 6 Tips for Making Virtual Reality a Reality. Retrieved March 16, 2018, from http://labs.aam-us.org/blog/what-we-learned-6-tips-for-making-virtual-reality-a-reality/

Wikipedia Commons. (2017). File:Virtual-Fixtures-USAF-AR.jpg. Retrieved March 16, 2018, from https://commons.wikimedia.org/wiki/File:Virtual-Fixtures-USAF-AR.jpg

Wille, M. (2016). *Head-Mounted Displays - Bedingungen des sicheren und beanspruchungsoptimalen Einsatzes: Psychische Beanspruchung beim Einsatz von HMDs.*

Xiong, H., Tang, J., Xu, H., Zhang, W., & Du, Z. (2018). A Robust Single GPS Navigation and Positioning Algorithm Based on Strong Tracking Filtering. *IEEE Sensors Journal, 18*(1), 290–298.

Yan, H., Shan, Q., & Furukawa, Y. (2017). RIDI: Robust IMU Double Integration. *Computer Vision and Pattern Recognition, v2*, 1–9.

Zuckerberg, M. (2014). Post. Retrieved March 16, 2018, from https://www.facebook.com/zuck/posts/10101319050523971